超级出海

AI时代的新天域

徐茂栋

XCITY ARGENTINA INC

超级出海：AI时代的新天域

徐茂栋 著

October 12, 2025

Print ISBN: 978-1-970336-08-5

First edition, 2025

Printed in the United States of America

作者介绍

徐茂栋是著名的连续创业者，投资人

他先后创立星河互联、窝窝团、百分通联、微网、分众无线等成功企业，还投资了中文在线、艾格拉斯、运去哪、小派科技等独角兽或已上市企业。

他首次提出了生活服务电商，窝窝团融资超过一亿美元，并带领窝窝团IPO。

他还首次提出产业互联网，星河互联估值超过20亿美元，推动互联网与传统产业的融合，并打造"星河系"，旗下控股参股多家上市公司。他首次提出产业AI，并成为先行者。他还是十多项专利的发明人。

2016年，他排名福布斯中国富豪榜348位，2017年，他与马云一起获得中国十大新闻人物。

徐茂栋毕业于武汉理工科技大学，曾就读于清华大学EMBA和DBA。

徐茂栋的经历：

- 1968年出生于山东日照一个小渔村
- 1986-1990年就读武汉理工科技大学
- 1994年，在家乡山东日照创办齐鲁超市，很快发展成为山东省最大的连锁超市之一。
- 1998年，在北京创办DotAd，成为中国最大的短信应用公司和领先的2G企业，并于2006年以3000万美元出售给分众传媒，后更名为Focus Wireless。
- 2008年，创办Lmobile，发展成为中国最大的手机彩信广告平台和领先的2.5G企业，后获软银亚洲投资基金（SAIF）和清科创投的投资，并于2010年以1.59亿美元出售给澳洲电信（Telstra）。
- 2010年，创办Welink，成为中国领先的移动营销平台和3G应用企业，并于2015年以1.1亿美元出售给中科招商。
- 2010年，创办窝窝网，先后获得鼎晖投资、清科创投及紫荆资本1亿美元投资，发展成为中国领先的生活服务类电商平台，并于2015年成功在纳斯达克上市，市值达10亿美元。
- 2015年，创办星河互联集团，曾是中国领先的产业互联网集团，估值达20亿美元。
- 2016年，打造产业互联网星河系，旗下控股参股多家上市公司。排名福布斯中国富豪榜348位。
- 2017年，与马云一起成为中国十大新闻人物。
- 2018年，定居美国。

序言

今天，当AI的浪潮席卷全球，我看到同样的历史正在重演。AI赋予了每个人新的可能——它让个体的力量被放大，让一人可以顶十人百人；它让企业的边界消融，使小团队能撬动全球市场；它正在孕育新的超级城邦，打破国界与制度的束缚。

在AI时代的浪潮下，每个人和每个企业都站在历史的转折点上。人工智能正在从根本上改变我们的工作方式、思考方式和商业格局，为我们打开前所未有的机遇之门。对很多人来说，"出海"不是可有可无的选择，而是突破命运枷锁、走向国际化的必由之路。乘着AI的东风，跨越地域的局限，我们将自身融入世界舞台，收获更广阔的发展空间。

对于每一位怀揣梦想的普通人来说，AI时代赐予了前所未有的舞台。今天的企业家和创业者不再局限于本土的市场格局，脸上不再写着"只能待在这里"的无奈。利用AI的力量，都可以成为全球数字公民；利用全球市场的多样性，他们可以找到合适的赛道，实现惊人的增长。对于每一个人来说，出海意味着重新掌握未来的主动权：用自己的专长和创造力，为世界各地的用户和团队贡献价值。

前方既有惊涛骇浪，也有前所未见的辽阔星空。当世界与AI一起加速，我们将成为乘风破浪的弄潮儿。只有挥别犹豫，迈步向前，不畏艰险，无论你是初创者、职场人还是创新者，都能在这个超级出海时代书写自己的传奇。让我们携手扬帆出海，迎接新的天域与未来。

"未来已在这里，只是尚未被平均分配。"

— 威廉·吉布森（WILLIAM GIBSON）

目录

引言

当我们回望人类历史，每一次伟大的转折都始于"出海"。从丝绸之路到大航海时代，从跨洋移民到工业全球化，出海代表着人类突破疆界、探索未知的勇气。今天，随着人工智能的爆发，我们正站在另一场宏大的"超级出海"浪潮之上。

这一次，出海不再仅仅意味着船只驶向远方的港口，也不再只是跨国公司向海外设厂。它是亿万个体、无数小团队、灵活企业与实验性城邦，一同扬帆驶向全球数字空间的浪潮。AI、XR、区块链与远程协作工具正在重新绘制世界地图，让任何人、任何地方，都有机会参与全球市场，重塑命运。

超级出海，意味着个体不再只是"打工者"，而是能够通过技术放大自身，成为"超级个体"；意味着企业不再只是资源垄断者，而是通过平台赋能，成为推动共创的"超级公司"；意味着新的制度与社区，正在孕育出超越国界的"超级城邦"。三股力量彼此交织，共同构建出一个互联互生的超级生态。

在这个时代，草根青年可以用一部手机与AI助手开拓全球市场；自由职业者可以在巴厘岛、清迈或里斯本远程为全球客户服务；创业公司可以用小团队撬动十亿美元级的商业机会；而新兴的数字城邦与自由特区，正尝试重塑社会契约，探索治理与经济的全新秩序。

这是一场新的大航海，但航线不是地图上的经纬度，而是数字身份、远程协作与跨境结算；这是一片新的新大陆，但疆界不再是山川与海洋，而是由AI、算法和社群共同构建的数字空间。

本书将带你穿越这场超级出海的全景：从个体到公司，从草根到全球公民，从制度到治理实验。你将看到机遇与陷阱，繁荣与挑战，更将体会到属于这个时代的澎湃脉动。

未来已经到来，差别在于谁能先扬帆起航。你，准备好成为超级出海的弄潮儿了吗？

1

第一章 从哥伦布到AI——
人类的又一次新大陆发现

"预测未来的最好方式就是创造未来。"

— 艾伦·凯（ALAN KAY）

哥伦布与数字探险

*1*492年，哥伦布带着三艘航船从葡萄牙远航西去，本以为能找到通往亚洲的新航路，却意外发现了美洲大陆。那一刻，人类的世界地图被瞬间拓展，历史被改写。今天，戴上VR头盔或者与智能助手对话，打开的不是另一片物理大陆，而是另一个"数字新世界"。在AI与XR（扩展现实）技术的推动下，人类正在经历一场新的伟大航行，踏入一个"深度数字空间"，这犹如发现了一个崭新的大陆，颠覆认知，改变生活。正如业内所说："区块链是人类发现'新大陆'的哥伦布帆船——哥伦布拓展了物理空间，区块链则在扩展数字空间"。在这浪潮之下，AI与XR就是当今科技的"航母和帆船"，引领我们驶向无垠的未知。

哥伦布式的探索隐喻

历史的车轮滚滚向前，哥伦布的故事一直被用来比喻伟大的探索。遥想千年前，当西方人首次踏上美洲土地时，他们所见所闻完全超出了想象。如今，人类的探险不再局限于地理，而是在数字领域进行：从脸书的"走出屏幕"到虚拟现实的沉浸体验，我们正在体验与陌生空间接触的兴奋感。正如上海报道所言，"区块链是哥伦布的帆船，拓展的是人类社会的'数字空间'"。换言之，技术创新成了新时代的航海器，领我们驶向不可预见的"新大陆"。此时此刻，AI和XR就是那艘装载希望与野心的新船：它们不怕风暴和暗礁，因为底层算法和网络带来前所未有的动力和智慧导航。

在大海里航行，未知往往意味着机遇与挑战并存。当年航海家靠着星辰和本能征服风浪，今天的创业者和工程师们同样需要勇气与智慧。他们利用AI算法解析数据的"星图"，依靠XR技术构造协作的"风帆"，开拓新的视界和市场。正如乔布斯在2007年首次发布iPhone时所预言的那样，每隔一段时间就会有"革命性的产品出现，然后改变一切"。那年1月9日，乔布斯在Macworld展会上一口气推出了集合iPod、手机、网络通讯于一体的第一代iPhone，从此改写了人们使用手机和连接世界的方式。今天，GPT和XR也有类似的颠覆性力量：它们像iPhone一般，正将原本冷冰冰的"器物"和人类的感知、想象深度连接起来，形成全新的交互形态。这些技术的出现，使我们开始相信：我们并非已经到达科技的彼岸，而是发现了一个全新的大陆海域，等待着我们继续远征。

AI与XR：数字新航海的风帆

◆ **从大航海到大算力：新的风帆已经扬起**

在人类文明的长河中，每一次重大技术革命都像一次"远航"。当年，哥伦布的船只冲破大西洋的迷雾，欧洲人第一次意识到世界比地图上所绘制的要广阔得多。那一刻，航海工具不只是交通工具，而是打开全新世界的钥匙。今天，当人工智能（AI）和扩展现实（XR）快速融合时，我们正面临另一场"认知地图的重绘"。这一次，我们不再是跨越海洋，而是跨越虚拟与现实的界限；我们不再是航向美洲大陆，而是驶入一个全新的"数字海域"。

AI与XR被誉为数字时代的"双引擎"。如果说AI是船体底部的发动机，提供源源不断的推力，那么XR就是帆布与罗盘，让人类得以看清方向、掌控航程。AI不断迭代的学习与生成能力，让机器第一次像人类一样能"思考"并"创造"；XR则通过增强现实、虚拟现实和混合现实，把这种"思考"与"创造"呈现在我们的眼前，让抽象的算法和数据化为触手可及的体验。两者结合，形成一股空前强劲的航海之风。

◆ **人类感知的延伸：从目光到算法的罗盘**

古代的水手需要星辰与罗盘来辨别方向，而今天的"数字水手"拥有的是AI算法。大语言模型（LLM）在2022年以后迅速成熟，使机器具备了分析、预测、生成的能力。ChatGPT在短短两个月内用户数破亿，这一速度比互联网、智能手机的普及都快得多。它所带来的不仅是工具的升级，更是思维模式的颠覆：人类第一次可以把认知与表达的部分外包给机器，让自己更多地专注于战略与创造。

与此同时，XR技术让这种认知延伸具象化。通过头显、AR眼镜或混合现实设备，人类的视野不再局限于屏幕的一角，而是可以直接沉浸在三维空间里。你可以在会议室里戴上AR眼镜，与远在大洋彼岸的同事"并肩"站在同一张设计图纸前；也可以进入一个完全虚拟的VR教室，与全球的学生一起上课，讨论天体物理或艺术史。过去航海者依靠肉眼和望远镜来发现大陆，如今我们依靠XR来洞察数字世界的每一个细节。

≈

◆ 技术格局：双螺旋式的共生发展

AI和XR并不是孤立演进的两条技术曲线，而是互相强化的"双螺旋"。

- **AI赋能XR**：XR最大的挑战之一是沉浸感与真实感。要让虚拟空间中的物体有重量、有质感，需要强大的图像识别、动作预测和实时生成能力，而这些正是AI的强项。通过深度学习和计算机视觉，XR设备可以在毫秒级别追踪用户的手势、眼球运动和周边环境，从而让虚拟与现实的交互无缝衔接。

- **XR承载AI**：AI的抽象能力如果缺乏直观的载体，往往很难被普通人接受。XR提供了一个"舞台"，让AI生成的文本、图像、甚至虚拟角色以立体的方式呈现出来。AI创作的数字助手不再只是文字对话框里的冷冰冰的回复，而可以是一个虚拟教师、虚拟顾问，甚至虚拟同事，以全息影像的形式与人共事。

这种共生发展带来的是应用场景的成倍扩张。教育、医疗、工业、娱乐——几乎所有领域都在寻找AI与XR结合的切入点。

≈

◆ 应用实例：企业与产业的"新航船"

现实中，已有不少企业在利用这股新风。

- 苹果Vision Pro：不仅是一副头显，而是苹果对未来计算平台的重新定义。它将AR与VR无缝切换，用户可以在现实空间中叠加虚拟屏幕，也可以完全进入沉浸式的虚拟世界。

- 大众与ChatGPT的结合：驾驶者不仅能导航，还能与AI助手自然对话，实时获取车辆状态和驾驶建议。

- 教育与培训：沃尔玛和波音公司利用VR培训员工和飞行员，效果显著提升，时间和错误率大幅下降。

这些案例显示，AI与XR结合已不再是实验室里的炫技，而是真正进入产业实践，成为驱动效率和创新的新航船。

~

◆ 行业纵深：从娱乐到工业的全面渗透

不同产业正以各自的节奏，拥抱这股沉浸式浪潮。

- 娱乐与文化：AI让虚拟角色更智慧，XR让观众沉浸其中。影视制作也因虚拟片场和AI生成内容而降本增效。

- 教育与培训：医学生解剖虚拟人体，历史学者重走古战场，AI为学生提供个性化学习路径，沉浸式学习大幅提高知识保留率。

- 工业与制造：波音用AR眼镜降低装配错误率，AI预测设备故障，数字孪生技术降低试错成本。

- 医疗与健康：XR手术训练、VR心理治疗、远程手术案例频现，AI提供实时反馈。

~

◆ 沉浸式社会雏形

- 工作方式：虚拟办公室成为常态，AI助手随时支持。
- 消费方式：虚拟商场与个性化推荐重塑零售。
- 社交方式：虚拟演唱会、虚拟派对已走出科幻，进入现实。

这意味着一个"沉浸式社会"的雏形正在形成，类似大航海时代殖民地的萌芽阶段。

～

◆ 技术挑战与风险

- 技术瓶颈：续航、分辨率、算力消耗。
- 隐私安全：生理与行为数据的保护问题。
- 社会不平等：昂贵设备加剧"数字鸿沟"。
- 心理健康：沉迷与虚拟逃避的风险。

～

◆ 历史镜鉴

大航海带来了贸易与交流，但也伴随殖民与剥削。今天的AI与XR如果缺乏制度约束，也可能重演"数字殖民"的故事。

～

◆ 未来的生活方式：虚实交织

2035年的日常生活可能完全数字化：AI助手管理饮食和日程，XR虚拟课堂成为常态，工作和娱乐无缝切换。

～

◆ 治理模式：算法与虚拟公共空间

虚拟广场、数字孪生城市，AI和XR让治理更加直观和高效。公民可能通过虚拟社区直接参与治理，AI确保平等与透明。

～

◆ **商业文明：新的贸易航路**

- 数字商品：虚拟衣服、虚拟身份。
- 虚拟劳务：AI提示词工程师、虚拟建筑师。
- 跨境交易：数字商品无关税，瞬时交付。

～

◆ **文明意义：新的航海精神**

- 认知重塑：虚拟与真实界限模糊。
- 文化融合：沉浸式跨文化体验。
- 精神挑战：防止沉迷与失序。

◆ **风险与机遇并存**

- 技术垄断与数据殖民
- 社会分化与数字鸿沟
- 虚假信息与安全挑战

但如同大航海最终催生了现代文明，AI与XR的浪潮也将推动人类社会的深刻重构。

数字新大陆的雏形：AI、XR、远程操控与数字游牧

～

◆ **从哥伦布到数字航海：历史的镜像**

1492年，哥伦布怀揣着"向西抵达东方"的梦想，带领三艘船驶向大西洋深处。他没有找到印度的香料，却意外发现了美洲大陆。那一刻，人类世界的版图骤然扩展，贸易、文化、制度乃至文明进程都被改写。500多年后，我们再次站在"新大陆"的门口。不同的是，这一次我们不需要船只和风帆，而是依靠人工智能与扩展现实。

AI与XR就像当年的船舶与罗盘：AI是推动航船不断前行的动力，XR是帮助我们观察与体验的工具。借助AI的算法和算力，人类开始"制造"全新的空间；借助XR的沉浸式体验，我们第一次能够像探索未知大陆那样"进入"虚拟世界。不同于传统意义上的地理疆域，这片新大陆并不需要跨越海洋，而是存在于比特与算力交织的网络空间。

正如哥伦布的远航不是孤立事件，而是当时造船技术、航海学和地理知识的集大成，今天的"数字远航"同样是多种技术的汇聚：AI提供智能生成和自主学习的能力，XR提供感官与交互的延伸，5G与卫星互联网提供高速通信航道，区块链与云计算则搭建制度与基础设施。所有这些力量汇合，才让我们第一次有机会绘制一张"数字世界地图"。

～

◆ 数字新大陆的轮廓

这片数字新大陆并不是一块固定的土地，而更像一片不断扩张的群岛。

- AI生成的内容岛屿：生成式AI能自动创造文章、图像、音乐、视频，成为数字世界的"原材料"。

- XR构建的沉浸港口：XR技术让人类可以"停靠"在这些内容岛屿上，成为登陆点。

- 远程操控的实验前哨：机器人与远程控制像新大陆的殖民前哨，连接虚拟与物理。

- 数字游牧的流动社区：自由工作者通过网络组成早期的数字社区，就像探险者建立的移民聚落。

～

◆ 探索动因：为何我们需要新大陆

历史上，欧洲人远航是因为旧世界的资源、市场与制度不足。今天，我们也面临类似的驱动力：

1. 资源压力：现实世界承载力有限，虚拟空间提供了新的"土地"。
2. 市场饱和：传统消费增长乏力，沉浸式体验和虚拟经济成为新蓝海。
3. 个体追求：人们渴望自由和跨国界的生活，数字新大陆让他们可以重塑身份。

这三股力量，就像当年的黄金、香料与宗教信仰，推动人类驶向未知。

～

◆ 数字孪生：虚拟与现实的平行大陆

数字孪生是新大陆上第一批"港口城市"。它通过数据与模型，把物理世界完整映射到虚拟空间。新加坡和雄安新区都在构建城市数字孪生体，让管理者能在虚拟平台上模拟交通、灾害、能源调配。这种模式不仅是实验室，更是治理工具，像殖民港口一样成为现实与虚拟之间的接口。

～

◆ 虚拟经济：新大陆的黄金矿脉

大航海的动力是黄金，数字新大陆的财富则来自虚拟经济。

• 虚拟商品：服饰、地产、头像，用户愿意为"虚拟身份"买单。
• 数字货币与NFT：提供结算与确权机制，形成新的金融秩序。
• AI驱动市场：算法成为新贸易航路，自动撮合买卖双方，甚至生成新的商品与服务。

这种经济像16世纪的殖民贸易：充满暴富机会，同时也伴随风险与泡沫。

~

◆ 沉浸式体验：登陆点与文化交汇

普通人进入新大陆的方式是沉浸体验：

- 虚拟演唱会：粉丝与偶像跨越地域互动。
- 沉浸旅游：虚拟卢浮宫、数字印加古道成为旅游新形态。
- 虚拟办公：XR会议室和AI助手重塑远程协作。

这些体验，就像当年的贸易站点，成为不同文化交流的桥梁。

~

◆ 航海规则：数字世界的法典

葡萄牙与西班牙曾签署条约划分新大陆，今天我们也需要新的"航海法典"：

- 隐私保护：XR采集的生理数据如何安全存储？
- 数字产权：NFT与虚拟商品如何确权？
- 跨境监管：数字无国界，但国家的法律边界依然存在。

没有规则，数字新大陆可能沦为混乱之地；有了规则，它才可能成为共享海域。

~

◆ 远程操控：跨越空间的"瞬移"

人类第一次能大规模"脱身于场所"。医生通过5G远程手术挽救千里之外的患者；工程师戴着头显操纵远方工厂的机器人；消防员远程指挥救援机器人进入火场。远程操控让劳动与身体分离，使"出海"无需迁徙，而是通过算力和网络延伸能力。

～

◆ 数字游牧：新的迁徙浪潮

全球已有3500万数字游牧者，预计2035年或将突破10亿。他们背包中只有笔记本，却与五大洲客户合作。他们选择的驻地往往是巴厘岛、清迈、里斯本这类既有风光又有网络的地方，形成新的社区。

～

◆ 数字游牧签证：国家的竞逐

葡萄牙、西班牙、印尼等国相继推出"数字游牧签证"，吸引这批高技能、自由的流动人口。爱沙尼亚的"电子居留"更允许全球创业者远程注册欧盟公司。数字游牧正在成为新的"人才航线"，国家之间争夺他们，就像当年的港口争夺商船。

～

◆ 社会图景：自由与不安并存

数字游牧与远程操控共同勾勒出一种奇特社会：

- 工作无国界，客户与人才全球匹配。
- 社区跨文化，咖啡馆里汇聚多种语言与身份。
- 身份模糊化，他们既不是传统移民，也不是短期游客，而是一类新的"流动公民"。

但他们也面临无保障的社保与医疗，远程操控工人可能陷入异化。这些矛盾提醒我们：新大陆的自由，伴随着新的脆弱。

～

◆ 数字殖民的隐忧

算力和平台集中于少数巨头手中，可能导致数字殖民。弱国和弱势群体被排除在外，像当年的土著失去土地。

~

◆ 数字不平等：新的鸿沟

设备、技能和文化差距，让数字新大陆可能成为少数人的天堂。昂贵的硬件和复杂的技能要求，进一步加剧不平等。

~

◆ 开放合作的可能未来

然而，未来并非注定。

- 开源与共享：开源大模型和XR框架，让更多人有机会参与建设。
- 国际规则：跨国数据保护和虚拟经济的治理，有望避免垄断。
- 数字身份：去中心化身份为普通人提供全球"护照"。
- 教育与普惠：普及AI与XR技能，让更多人受益于新大陆的财富。

~

◆ 航海精神的重塑

最终，数字新大陆会走向何方，取决于我们的选择：

- 如果重演掠夺，它将是新的殖民。
- 如果选择合作，它将成为全人类共享的公共海域。

大航海最终带来全球化与现代文明；数字远航或将开启"数字全球化"。区别在于，这一次的地图无人绘制，我们每个人都是探险者。

AI重塑工作、组织与市场的格局

～

◆ **劳动与市场的新航海**

人类的工作、组织与市场，从未像今天这样被技术深度重塑。农业社会以土地为中心，工业社会以机器为核心，信息社会以数据为驱动力。而当AI逐渐成为社会底层的智能基础设施，我们正进入"智能社会"的新时代。它不仅在岗位和技能层面引发震荡，更在组织逻辑和市场规则上重构秩序。就像大航海时代改变了全球的地缘与贸易格局，AI正推动一场"数字航海"，引导我们驶向未知的新大陆。

～

◆ **工作重塑：岗位的消失与诞生**

AI的普及让工作发生剧烈转型。

- 消失的岗位：客服、基础会计、低端翻译、流水线作业工人，因AI和自动化而逐步被取代。

- 被改造的岗位：医生、律师、记者、教师等职业，借助AI提高效率，职责重心从事务性转向价值性。

- 新兴岗位：提示词工程师、AI训练师、数据伦理专家、虚拟孪生设计师等，成为AI催生的新职业。

劳动者的核心竞争力，从体力与手艺，进化为"AI协作力、数据素养、跨学科思维与创造力"。人类逐渐摆脱琐碎事务，转而专注于创造、判断与同理心。

案例表明，这一趋势已深入各行各业：新闻机构用AI写稿，但深度报道仍由记者完成；教育场景里，AI辅助教师批改作业，但教师更关注情绪引导；医疗中，AI识别影像异常，医生则专注于病人沟通与方案决策。

AI不是替代，而是重塑，让工作价值链发生分工重组。

～

◆ **组织重塑：从金字塔到网络化**

工业时代的企业以金字塔结构和科层制管理为主，信息逐层上报，决策逐层下达。但在AI的推动下，组织形态趋向扁平化和网络化。

- 扁平化：AI自动生成报告和分析，削减了中层的必要性。决策者可以直接获取实时数据。

- 网络化：协作平台与AI结合，让跨部门、跨地域的合作更高效，团队像节点网络般灵活重组。

管理模式也从经验驱动转向算法驱动。AI在人力资源、供应链和财务领域提供预测与优化，管理者从"微观管控者"转为"宏观战略者"。

协作方式则因AI而重塑：智能助手提高效率，AI自动生成会议纪要与翻译，跨国团队沟通如同同室办公。亚马逊用AI优化物流，字节跳动通过"小组制+数据驱动"快速迭代，传统制造业也借AI实现柔性生产。

但这种变化也带来风险：去人性化、算法权力集中、文化冲突等问题，成为组织需要面对的新挑战。

～

◆ **市场重塑：产业与商业模式的再造**

AI的出现，让市场从"内海"扩展为"全球大洋"。

- 产业格局重写：研发门槛降低，生物科技小公司可挑战制药巨头；内容生产民主化，个人创作者与媒体集团同台竞争；制造业实现小规模定制，传统规模效应被打破。

- 商业模式演变：企业从卖产品转向卖服务（订阅制）、从大规模转向超个性化（AI推荐）、从封闭走向开放生态（平台API）。网络效应取代了规模效应，成为竞争关键。

- 跨境市场新态势：自由职业平台结合AI翻译与协作，让全球劳动力市场一体化；跨境电商利用AI精准营销，让小商家进入全球市场；投资者借助AI实时分析全球行情，加速资本跨境流动。

不过，AI带来的市场开放，并不必然意味着均衡。相反，它也可能强化赢家通吃的效应。数据、算力和平台集中于少数巨头，类似于大航海时代的海上霸权。小公司虽能崛起，但大公司仍掌控主导权。

～

◆ 风险与展望：航向由谁决定

AI重塑的浪潮，也伴随重重风险：

- 失业风险：数亿岗位或受冲击，社会可能出现短期震荡。
- 垄断风险：数据和算力集中，形成"数字殖民"。
- 伦理风险：算法偏见、责任不明、虚假信息，可能引发信任危机。

要化解这些风险，需要新的出路：

1. 教育与再培训：普及AI素养与数字技能，把劳动者转型为"数字工人"。

2. 国际治理与合作：制定跨国AI标准，推动数据开放与模型共享，建立类似"数字海洋法"的规则。

3. 新社会契约：探索基本收入、数字身份与数据确权，明确AI在工作中的辅助地位，确保人类保有最终决策权。

展望未来，AI重塑工作、组织与市场，是一次不可逆的航程。它可能导致不平等与动荡，也可能带来繁荣与共享。结果取决于我们如何划定航道：是任由市场漂流，还是以规则、教育与合作为舵，让航船驶向更开放与公正的未来。

超级出海：AI时代的超级个体与超级公司

∼

◆ **超级个体的定义与时代背景**

"超级个体"一词在AI时代有了新的含义。它指的不仅仅是能力突出的个人，而是那些能够借助AI、全球平台与数字工具，把自身力量放大百倍甚至千倍的人。他们可能是一个独立开发者、一个自由设计师、一个跨境电商卖家，也可能是一个内容创作者。共同点在于：他们不依赖庞大的组织，却能完成过去需要几十人甚至上百人才能完成的工作。

这一趋势背后的动力有三：

1. AI工具的普及：从ChatGPT到Midjourney，从代码生成到营销策划，AI让普通人获得"超级助手"。

2. 数字平台的开放：亚马逊、YouTube、TikTok、Upwork等平台提供了全球市场的"直通车"。

3. 支付与物流的便利：跨境支付（如PayPal、Wise、稳定币）和全球物流让个体能够直接触达全球用户。

这意味着，每个人都有可能成为一艘独立的"远洋船"，驶向世界的市场。

∼

◆ **技能的武器化：AI作为个人"舰队"**

过去，一个创业者需要组建团队，才能覆盖从研发、运营到市场的全链条。而今天，一个超级个体只要掌握AI工具，就能"组建一支虚拟舰队"：

- 研发：程序员借助AI生成代码，缩短开发周期；设计师用AI生成海报、界面甚至三维模型。
- 运营：AI客服、AI翻译、AI财务工具，让个体运营全球业务成为可能。
- 营销：AI生成文案、视频和广告，精准触达用户群体。

这种能力的叠加，使得超级个体不再是孤军奋战，而是与一支"看不见的AI舰队"并肩作战。

◆ 案例一：三人团队的百万美元突破

以色列的一家初创公司 Swan AI，仅由三位创始人组成，却在短短九周内利用AI智能体自动化销售流程，实现了百万美元的年化营收。他们没有庞大的销售团队，而是用二十多个AI代理自动完成市场分析、邮件推广、客户转化。结果是：三个人完成了传统公司需要五十人以上才能完成的工作。

这就是超级个体的现实注脚：规模不再决定产出，善用AI的人，效率可以指数级提升。

◆ 案例二：全球游牧者的个体航海

在巴厘岛的一间共享办公空间，常见到这样的场景：一位数字游牧者上午在海边冲浪，下午却能通过笔记本电脑为硅谷的公司写代码。AI翻译工具帮他跨越语言壁垒，AI项目管理工具让远程协作无缝衔接。他的客户遍布美国、欧洲和东南亚，而他本人只需要一台电脑和一根网线。

这种生活方式，正在让越来越多人加入"超级个体"的行列。他们既是劳动者，也是企业家；既是创作者，也是运营者。

~

◆ 超级个体的社会意义

超级个体的兴起，不仅仅是个人能力的提升，更是社会结构的重塑。

- 就业模式的变化：越来越多人选择"自己雇佣自己"，通过AI实现"自由职业2.0"。

- 财富分配的变化：财富创造不再局限于大公司，小团队甚至个人也能快速积累。

- 文化传播的变化：个人创作者的声音借助AI和平台，可以像媒体集团一样强大。

这使得"全民出海"成为可能：每个人都有机会通过数字工具，参与全球经济。

~

◆ 超级公司：新的"数字帝国"

如果说超级个体像是一艘灵活的快船，那么超级公司则更像一艘庞大的远洋舰队。它们集聚了数据、算力、人才和资本，正在AI时代进化为新的"数字帝国"。与传统跨国公司不同，超级公司不仅跨越国界运营，还在逐渐掌握类似"主权"的功能：制定规则、管理社群、发行货币、提供公共服务。

~

◆ 平台型公司的进化路径

1. 数据驱动的规模扩张：超级公司依托庞大的用户数据，训练出比竞争对手更强大的AI模型。例如，谷歌的搜索与广告生态、亚马逊的电商与物流体系，形成了"数据-用户-服务"的正反馈闭环。

2. 生态系统的建立：微软通过Office套件和Azure云平台，把AI嵌入每一个环节，构建了从个人办公到企业运维的完整生态。苹果则通过iOS系统与App Store，牢牢控制硬件与软件的接口。

3. 跨界融合：字节跳动的抖音和TikTok不只是娱乐平台，更是广告、直播、电商的综合市场，逐渐演化为"数字城邦"的雏形。

这些公司已经不再是单纯的企业，而是掌握着数亿甚至数十亿"数字公民"的生活与工作方式。

$\sim$

◆ 数字城邦的特征

超级公司的演化，正在逼近"数字城邦"的逻辑：

- 规则制定者：平台上的算法就是"法律"，决定了谁能获得流量，谁能被看见。

- 货币发行者：部分公司尝试发行数字货币（如Facebook的Libra），或通过积分、代币形成内部经济体系。

- 治理机构：DAO（去中心化自治组织）和大型平台的社区治理，让用户既是消费者，也是治理参与者。

- 公共服务者：超级公司提供教育（Coursera）、医疗（远程诊疗）、金融（支付宝）、社交（微信）等服务，几乎覆盖市民生活。

这意味着，超级公司不仅是市场主体，还逐渐承担了准国家的角色。

~

◆ 案例：OpenAI与微软的"混合模式"

OpenAI本质上是一个混合体：它有非营利的核心使命，强调AGI造福全
人类；也有营利子公司，接受微软等巨头投资，依靠Azure算力生存。这
种"双重身份"，让OpenAI既像一个研究机构，又像一个数字公共平台。
微软在其中扮演的角色，则类似"保护国"：提供算力与资本，换取深度
绑定。

这种模式很像古代城邦与大国之间的关系：城邦保持自治，但依赖大国
提供资源和安全。它预示着未来超级公司和国家之间可能的互动逻辑。

~

◆ 风险与矛盾

超级公司虽强大，但也面临三大风险：

1. 监管冲突：各国政府担心超级公司威胁主权，对其加以限制（如
   欧盟的GDPR、美国的反垄断调查）。

2. 文化张力：平台算法的全球化扩张，可能与本地文化和价值观冲
   突。

3. 内部治理：如何在数十亿用户的平台上维持公平透明，是极大的
   挑战。

这些风险决定了超级公司无法无限扩张，它们必须在效率与合法性之间
找到平衡。

~

◆ 合作：平台与个体的互相成就

超级个体与超级公司并非简单对立，而是彼此成就。

- 平台赋能：超级公司往往通过平台为个体赋能。YouTube让无数个体创作者触达全球观众，亚马逊为中小卖家提供跨境物流与支付，微软GitHub托管了全球开源项目。

- 个体反哺：超级个体也为平台贡献内容和价值。TikTok若没有数亿个体创作者的短视频，就不会成为全球现象级应用；苹果App Store若没有开发者，生态便失去生命力。

这种关系，类似大航海时代的港口与商船：港口提供停靠与补给，商船带来财富与繁荣。超级公司是数字港口，超级个体是航海者。

～

◆ 竞争：流量与话语权的博弈

然而，合作之外也有竞争与矛盾。

- 流量分配：算法决定了谁能被看见。个体创作者往往依赖平台，但也常抱怨流量倾斜或规则不透明。

- 收益分成：平台抽成比例高企，个体认为收益被过度剥夺。苹果App Store 30%的抽成、YouTube广告分成机制，都曾引发争议。

- 品牌独立：一些超级个体试图脱离平台，自建网站与社群，减少对平台的依赖。这就像殖民商人试图摆脱宗主国，建立独立的贸易体系。

竞争使得关系复杂化：平台希望个体留在生态内，个体则渴望更多自主权。

～

◆ 融合：边界模糊的新形态

随着AI的普及，个体与公司的界限正在模糊：

- 个体平台化：一些超级个体成长为平台。例如，一个知名YouTuber创办MCN公司，带领数百位创作者；一位独立开发者的工具产品被全球使用，逐渐演化为创业公司。

- 公司个体化：另一方面，超级公司在某些领域又采取"极小化团队"策略。AI自动化让他们可以精简人员，用小团队运营庞大业务，接近超级个体的工作方式。

这种趋势，意味着未来生态可能呈现"蜂群模式"：无数超级个体与超级公司互联，形成既竞争又合作的网络。

◆ 案例：合作与竞争的现实缩影

- App Store与开发者：苹果提供了分发渠道和支付系统，成就了无数独立开发者；但抽成比例长期引发反垄断争议。

- YouTube与创作者：平台提供曝光与广告收益，但创作者越来越依赖多渠道分发来维持独立性。

- 跨境电商：亚马逊使中小卖家走向全球，但规则变动可能让卖家瞬间失去生意，因此部分卖家转向独立站（Shopify）以降低风险。

这些案例揭示：超级个体与超级公司在共生的同时，也存在博弈与张力。

◆ **展望：共建生态还是数字封建?**

未来，个体与公司的关系可能有两条路径：

1. 共建生态：公司开放更多接口与数据，让个体共享红利；个体贡献内容与服务，推动生态繁荣。

2. 数字封建：公司强化规则与垄断，把个体束缚在平台上，形成"数字农奴"。

选择哪条道路，将决定超级出海的方向：是人人都有机会的数字海洋，还是少数巨头掌控的数字帝国。

◆ **机遇：数字海洋的无限航路**

AI让个人和公司都获得了史无前例的扩张空间：

- 个人层面：超级个体可以借助AI与全球市场直接连接，摆脱地域、资本和组织的限制。他们代表了灵活性和创新力，就像一艘艘灵巧的小船，可以探索新航路。

- 企业层面：超级公司则拥有资源和平台优势，能在全球范围制定规则和标准。它们像庞大的舰队，能够在风浪中保持稳定，为全球经济提供支撑。

这两股力量结合，构成了未来全球经济的双引擎：一方面有自下而上的个体创新，另一方面有自上而下的平台治理。

◆ **风险：数字航海的暗礁**

然而，超级个体与超级公司的崛起也伴随风险：

- 过度依赖：超级个体高度依赖平台，一旦规则或算法变化，可能瞬间失去生计。

- 垄断集中：超级公司掌控数据和算力，可能演化为"数字殖民帝国"，扼杀创新。

- 制度缺位：跨境数字经济缺乏统一监管，容易引发隐私泄露、金融风险和文化冲突。

- 社会不平等：拥有AI技能的群体迅速积累财富，而没有掌握新技能的人可能被边缘化，形成新的"数字贫富差距"。

这些问题，若缺乏制度设计，就会让数字新航海重蹈殖民与剥削的覆辙。

～

◆ 制度设计：数字时代的新社会契约

为了让超级出海成为全人类的机遇，而非少数人的特权，我们需要新的制度框架：

1. 全球规则：建立跨国的数据保护和AI治理协议，就像当年的国际海洋法，保证数字海洋是公共领域，而不是少数巨头的私有财产。

2. 分配机制：探索"数字税""平台红利共享"等制度，让平台收益部分回馈给创作者和普通用户，避免利益过度集中。

3. 教育普惠：各国政府必须推动全民AI教育与再培训，让更多劳动者有能力成为超级个体。

4. 数据确权：通过去中心化身份（DID）和区块链确权，让个人拥有并分享自己数据的价值，而不是被平台单方面剥夺。

5. 监管与创新平衡：制定规则的同时保留创新空间，避免过度管制抑制个体和企业的探索动力。

～

◆ **未来航向：合作与共生**

超级个体和超级公司之间并非零和关系，而是共生生态。未来的图景可能是：

- 个体通过平台获得舞台，平台依赖个体创造内容和价值。
- 公司为个体提供算力与规则，个体推动公司保持创新与多样性。
- 国家与国际组织作为"灯塔"，保障公平竞争与基本秩序。

最终目标是构建一个既有"小船自由探索"，又有"大船稳定航行"的数字海洋。在这里，超级个体可以成为创新的先锋，超级公司则充当基础设施的提供者，两者共同推动人类驶向更广阔的未来。

2

第二章 超级个体—每个人都是一艘出海的旗舰

"在一个你可以成为任何人的世界里，选择做自己人生的建筑师。"

—— 奥普拉·温弗瑞（OPRAH WINFREY）

在 AI时代的浪潮中，个体的力量被前所未有地放大。想象一下，一位创业者坐在自己的公寓里，凭借一台笔记本和AI助手完成过去需要数十人团队才能完成的产品开发任务。正如业内人士所言，当一个人能够掌握与AI深度协作的钥匙时，他就能"将自己武装成一支军队、一家公司"。技术的演进使全球自由职业者迅速增多：研究显示，2025年全球自由职业者已超过5亿，其中40%以上承接跨境项目。在这样的大背景下，"超级个体"概念应运而生——每个人都可以成为驶向世界的旗舰，自由流动于数字空间，接受全球订单、跨国协作，实现真正的"全民出海"。

超级个体的定义与时代背景

在AI时代的浪潮中，个体的力量被前所未有地放大。想象这样一个画面：一位年轻创业者坐在自己城市的一间小公寓里，身边只有一台笔记本和一部手机，却能借助AI助手、全球协作平台与跨境支付系统，完成过去需要几十人团队才能完成的产品开发、营销推广和商业运营。这并不是遥远的幻想，而是当下已经发生的现实。越来越多的人正在突破组织和地域的边界，以个体之力撬动全球市场，他们便是超级个体。

≈

◆ 超级个体的定义

所谓"超级个体"，是指那些能够凭借人工智能、数字工具和全球平台，把个人能力放大百倍甚至千倍的个体。他们并不仅仅是自由职业者或兼职工作者，而是能够以"一人公司"的模式独立运作，完成从产品研发、设计、推广到销售、交付的完整链条。换句话说，超级个体是把自己当作"创业公司"，同时又依托AI与平台形成强大外部杠杆的个人。

与传统的自由职业者相比，超级个体有三个显著特征：

I. 能力复合化：他们往往同时掌握多种技能，比如编程与设计、内容创作与运营，能覆盖多环节任务。

2. 工具驱动化：他们依赖AI、大数据、云服务等先进工具，使生产力指数级提升。
3. 市场全球化：他们的客户、用户和合作伙伴往往遍布全球，天然具备跨境属性。

因此，超级个体并不仅仅是一种职业形态，而是信息社会和智能社会交织下的新物种。

～

◆ 历史的演化：从依附到独立

超级个体的出现，并非偶然，而是人类社会发展逻辑的必然结果。

1. 农业社会：个体依附于土地和宗族，生产力有限，分工极为简单。
2. 工业社会：工厂制度兴起，个体必须依附于机器和组织，成为流水线中的"零件"。
3. 信息社会：互联网普及，个体有了更多自主性，但仍然需要依赖公司与平台来获得资源和市场。
4. 智能社会（AI社会）：人工智能和平台的结合，让个体第一次拥有媲美大企业的工具与资源，能够独立承担完整的价值链。

可以说，超级个体的诞生，就如同蒸汽机之于工业革命，电力之于第二次工业革命，它标志着生产方式和组织逻辑的一次深刻重构。

～

◆ 技术催化：AI是"超级引擎"

推动超级个体崛起的核心动力，正是AI工具的普及和成熟。

• 在研发环节，AI能自动生成代码、设计界面、测试产品，大幅缩短开发周期；
• 在运营环节，AI客服、AI财务、AI翻译，使跨境运营零障碍；

- 在营销环节，AI能批量生成文案、视频、广告素材，让个人也能完成专业级推广；
- 在创意环节，AI作曲、绘画、写作，让普通人也能生产专业内容

这些工具让个体获得了"隐形的团队"。如果说过去"一个人"意味着有限的产出，那么现在的"一个人+AI"则可能意味着"一个人+几十个虚拟助手"的超级效能。

这种能力的扩展，正在让普通人也有机会在全球经济的海洋里航行，成为自己命运的船长。

◆ 平台经济：全球舞台的开放

如果说 AI 工具是超级个体的"隐形舰队"，那么互联网平台就是他们的"全球港口"。这些平台不仅提供展示和交易的空间，更提供了流量、支付、物流、合规等一整套基础设施。

- 内容平台：YouTube、TikTok、B站等平台，为个体创作者提供了面向全球观众的舞台。只要有创意和执行力，一个人就能吸引数百万粉丝，变现方式包括广告分成、品牌合作、打赏与订阅。许多年轻人已通过短视频和直播获得远超传统工作的收入。

- 电商平台：亚马逊、Shopify、阿里巴巴国际站等，让个体商家可以轻松进入全球零售市场。一个手工艺人可以通过开设网店，把家乡的产品卖到欧美；一名创业者可以通过跨境电商快速测试新品的全球市场反应。

- 自由职业平台：Upwork、Fiverr、Freelancer 等平台连接了全球数千万自由职业者与客户。程序员、设计师、翻译、营销专家都能在此直接接单，与世界各地企业合作。这些平台不仅提供机会，还提供担保机制，保障交易安全。

- 协作平台：GitHub、Notion、Slack 等工具则成为全球协作的中枢。软件开发、创意项目、科研合作，都可以通过这些工具无缝衔接。对于超级个体而言，它们就像"全球办公室"，让一人团队具备与跨国公司同样的协作能力。

这些平台的共同特点是：降低门槛，提供连接，赋能个体。过去，进入全球市场需要庞大的组织支持，如今只要会用平台，个体就能自由航行。

～

◆ 社会结构的变化：斜杠青年与数字游牧

超级个体的崛起，还与社会文化的转变息息相关。

1. 斜杠青年现象：越来越多年轻人不再满足于单一职业身份，而是希望同时拥有多重身份。例如，一个人可能既是程序员，又是音乐人，同时还是自媒体运营者。他们用"/"来分隔职业，被称为"斜杠青年"。这种多元身份不仅是兴趣的体现，也是对抗职业不确定性的一种策略。

2. 数字游牧的兴起：全球已有数千万"数字游牧者"。他们不固定在某个城市或公司，而是带着笔记本和网络，在世界各地旅行和工作。巴厘岛、清迈、里斯本等地成为数字游牧的"根据地"，共享办公空间里聚集了来自全球的程序员、设计师、写作者。他们白天写代码，晚上去海边冲浪，真正实现了"生活即工作，世界即办公室"。

3. 远程优先与灵活就业：新冠疫情的冲击加速了远程办公的普及，许多公司转向"远程优先"策略，甚至解散传统办公室。越来越多人选择自由职业、项目制合作，而不是长期受雇于某个公司。组织变得越来越"轻"，而个体变得越来越"重"。

这种文化与制度的变化，正在为超级个体提供肥沃的土壤。社会对多元身份与远程工作的接纳，让越来越多人敢于离开传统组织，走向自主发展的道路。

～

◆ **全球趋势对比**

不同国家在超级个体的发展上各有特色：

- 美国：自由职业市场最为成熟。预计到 2027 年，美国将有超过一半劳动者以自由职业为生。硅谷与自由职业平台结合，形成了个体创新与全球雇佣的生态。

- 中国：凭借庞大人口与发达的平台经济，数以千万计的个体通过抖音、快手、淘宝、跨境电商实现收入增长。中国的超级个体更多以"平台创业者"形象出现。

- 日本：终身雇佣制逐渐松动，自由职业人口显著增加。政府出台政策支持灵活用工，推动社会接受非传统就业模式。

- 欧洲：数字游牧签证、远程居留计划在葡萄牙、西班牙、爱沙尼亚等地迅速兴起，吸引了全球高技能人才。

- 新兴市场：东南亚、印度、非洲等地的年轻人通过自由职业平台和跨境电商，快速融入全球市场。他们往往以低成本、高技能赢得竞争力。

这些趋势表明，超级个体并不是某个国家的独特现象，而是一场全球性的社会与经济转型。

～

◆ 超级个体的多重形态

超级个体并不是单一的形象，而是多种多样的组合体。他们活跃在不同的行业和领域，体现出高度的多元性：

1. 跨境内容创作者：他们是全球化的"讲故事者"。通过 YouTube、TikTok、播客和自媒体平台，他们直接面向全球观众。一个视频、一个段子、一节线上课程，都可能突破国界，收获数百万粉丝。内容创作者不仅是文化的传播者，也是经济价值的创造者。

2. 远程工程师与设计师：他们是"数字劳工"，通过自由职业平台或直接对接客户，把技术服务输出到世界各地。一个程序员可能在家乡小城，却为硅谷公司写代码；一个设计师可能身处东南亚海岛，却与欧洲品牌长期合作。

3. AI驱动的一人公司：这是最典型的超级个体形态。依托 AI 完成研发、营销、客服和运营，一个人便能维持企业级运转。许多独立开发者就是靠这种模式，一年内推出多款产品，积累数十万用户。

4. DAO 治理者：在去中心化自治组织（DAO）中，个体可以通过持有代币投票，参与项目方向决策。DAO 让普通人拥有类似"股东"甚至"议员"的身份，使他们成为新兴治理模式中的超级个体。

这些不同形态共同组成了超级个体的生态。他们有的像是灵巧的小艇，快速迭代试错；有的像是孤勇的探险者，开拓全新市场；也有的像是"虚拟议员"，参与数字城邦的治理。

∽

◆ 价值与挑战

1.超级个体的价值

- 就业弹性：超级个体提供了一种灵活的就业方式，减少了对单一雇主的依赖。
- 创新活力：小团队或个人的快速试错往往能带来更多创新机会。
- 文化传播：个体直接面向全球，促进了跨文化的交流与理解。
- 财富分配新格局：财富不再集中在大企业手中，个人也能通过创意与技能积累可观收益。

2. 超级个体的挑战

- 平台依赖：个体过度依赖平台，规则变动可能导致一夜失去收入。
- 孤立与焦虑：缺乏团队支持与社交互动，容易产生孤独和心理压力。
- 制度滞后：税收、社保、劳动保障等制度尚未与新模式匹配。
- 技能鸿沟：掌握AI和数字工具的人将获得红利，而未能适应的人可能被边缘化。

超级个体是一把"双刃剑"。它让更多人有机会进入全球市场，但同时也考验个人的自律、学习能力与抗风险能力。

◆ **未来展望：个体到全民**

超级个体不仅仅是少数人的机遇，而是一个全民参与的趋势。当更多人掌握 AI 工具、熟悉跨境结算、善用远程协作，每个人都可能成为数字经济的参与者。未来的图景是：

- 农民 可以通过短视频向全球展示乡村产品；
- 教师 可以通过在线教育平台教全世界的学生；
- 小镇青年 可以通过跨境电商卖货到欧洲；
- 自由艺术家 可以借助 NFT 把作品直接卖到全球。

当无数个体汇聚成"数字舰队",全民出海的浪潮将不可阻挡。

～

◆ 全球比较案例与现实缩影

超级个体并不是理论构想,而是正在全球各地大量涌现的现实群体。

1. 美国的独立开发者:美国的"Indie Hacker"群体正在快速壮大。他们借助 GitHub、OpenAI API、Stripe 支付,在短短数周内推出应用并实现盈利。有些人甚至辞掉工作,仅凭"一人公司"模式就能维持百万美元年收入。

2. 中国的短视频创业者:在抖音、快手等平台上,无数普通人通过短视频展示手艺、生活与产品。比如,一位农村青年靠记录乡村生活吸引百万粉丝,不仅让农产品畅销全国,还通过跨境电商把土特产卖到海外。

3. 欧洲的数字游牧者:在里斯本、巴塞罗那的共享办公空间,随处可见来自世界各地的自由职业者。他们以"签证+远程工作"的模式,享受欧洲生活成本优势,同时获取来自美国与亚洲的高收入项目。

4. 非洲的自由职业者:在尼日利亚、肯尼亚,越来越多年轻人通过 Upwork 和 Fiverr 为全球客户提供写作、设计和数据处理服务。尽管当地就业环境不佳,但数字平台让他们直接对接国际市场,月收入远超本地平均水平。

这些案例证明:超级个体的出现具有全球普遍性,且已成为"新中产"的重要来源。

～

◆ **超级个体的价值总结**

超级个体的重要性不仅在于经济收益，还在于对社会结构和文化的重塑：

- 经济层面：推动灵活就业，缓解失业压力，促进全球价值链再分配。
- 社会层面：解构传统组织模式，让个人获得更多选择权。
- 文化层面：形成跨文化的交流通道，推动世界更紧密地融合。
- 创新层面：通过快速试错与小规模迭代，为社会带来更多创新与突破。

换句话说，超级个体正在重写经济与社会的底层逻辑。他们不再是"组织的附属"，而是"社会的节点"。

◆ **挑战的现实性**

尽管超级个体光鲜亮丽，但挑战也不容忽视：

- 过度依赖平台：一旦算法调整或政策收紧，收入可能瞬间归零。
- 缺乏安全保障：社保、养老金、医疗保险等问题需要制度创新。
- 竞争加剧：全球市场意味着竞争者遍布世界，普通人需要不断学习以保持竞争力。
- 心理压力：孤独感、焦虑感随之而来，超级个体需要新的社群支持与心理调适方式。

这些挑战表明，超级个体并非"自由的天堂"，而是"风险与机遇并存"的新模式。

◆ **工具与能力的叠加**

超级个体的诞生离不开 AI 工具的赋能。如果说数字平台为他们提供了舞台，那么 AI 工具就是他们的"武器库"。它让每个人在认知、表达、创造、协作、分发和变现等维度全面进化。

因此，理解超级个体，还必须深入探讨 AI 工具如何具体赋能个体。这正是下一节的主题。

AI工具赋能个体的各个维度

～

◆ AI是超级个体的操作系统

如果说超级个体是一艘独立的船，那么 AI 工具就是为它提供动力和导航的"操作系统"。在过去，个人的能力往往局限于时间、精力和专业技能，但 AI 的出现彻底改变了这一格局。它不仅让个体拥有了前所未有的效率，还让他们在多个维度上具备了企业级的能力。

换句话说，AI 不只是工具，它是个人的加速器与放大器。正是因为 AI 的全方位赋能，个体才能从"自由职业者"进化为"超级个体"，具备在全球市场独立竞争的能力。

AI 的赋能大致可以分为六个维度：认知、表达、创造、协作、分发和变现。这六个维度几乎覆盖了一个企业运营的完整链条，而现在，它们可以被一个人掌握。

～

◆ 认知能力：从信息过载到智能增幅

1.信息洪流中的困境

在数字时代，信息的爆炸式增长是每个人面临的难题。海量的数据、文章、研究和新闻让人目不暇接，普通人往往花费大量时间也难以获得有价值的洞察。超级个体要在全球市场竞争，必须具备比他人更快、更准的认知能力。

2. AI带来的认知增强

AI 的价值首先体现在 加速学习与信息处理 上。

- 快速总结与提炼：大型语言模型可以在几秒钟内对数万字资料进行摘要，帮助用户抓住核心。
- 趋势分析与预测：AI 可以分析社交媒体数据、行业报告，发现潜在趋势。
- 决策支持：AI 能提供多情境模拟，帮助创业者在复杂情况下选择最优方案。

一个人若能熟练利用 AI 工具，就相当于随时随地带着一支"智囊团"，在认知层面获得指数级放大。

3. 案例：认知的武装

一名独立创业者计划在跨境电商中寻找蓝海产品。传统方法需要数周进行市场调研，但他借助 AI 工具，仅用三天就完成了对欧美、日本、东南亚多个电商市场的趋势分析，锁定了消费上升的品类，并迅速建立了测试店铺。最终，他比竞争对手早一个季度进入市场，获得了先发优势。

这就是 AI 带来的认知武装：把信息差转化为竞争力。

∽

◆ 表达能力：人人皆可成为传播者

在数字时代，表达力就是影响力。过去，专业表达往往需要长期训练和专业背景：写作者要经过多年笔耕才能出版，设计师要熟悉复杂软件才能产出海报，音乐人要有昂贵的设备才能制作专辑。但如今，AI 工具让表达能力进入了"零门槛时代"。

1. 文字表达的飞跃：AI 写作工具可以生成广告文案、演讲稿、新闻报道，甚至小说草稿。它们能够模拟不同风格和语气，帮助个体以更专业的方式表达思想。对一个初创者而言，不必再为写商业计划书或市场推广方案而烦恼，AI 可以快速完成第一版，再由人类进行调整。

2. 多语言的桥梁：AI 翻译和润色工具，让语言不再成为障碍。一个不懂法语的中国设计师，可以通过 AI 与法国客户实时沟通，传递专业观点。这意味着个体的表达可以天然具备全球属性。

3. 视觉与设计：AI 绘图工具（如 Midjourney、Stable Diffusion）能够根据提示词快速生成高质量插画和设计元素。一个没有专业设计背景的人，也能借此制作出专业级的品牌 Logo、海报和插画。对于设计师而言，这些工具更像"效率倍增器"，帮助他们在更短时间内迭代更多创意方案。

4. 音频与视频：AI 语音合成能模拟自然语音甚至特定明星声线，降低了播客、广告制作的门槛。AI 视频生成工具可以自动生成脚本、场景和镜头，让一个人完成原本需要专业团队才能制作的短片。

案例：一位普通博主，借助 AI 写作和视频生成工具，在 TikTok 上持续产出高质量短视频，两个月内便吸引了 50 万粉丝，实现了广告分成和品牌代言收入。这是 AI 赋能表达力的真实写照：它让每个人都能"说出声"，而且说得更专业、更具传播力。

～

◆ 创造能力：指数级的生产力释放

表达是思想的传递，而创造则是赋予思想以形体。AI 在创造层面的赋能，使个体的生产力达到了过去不可想象的高度。

1. 软件开发的自动化：借助 AI 辅助编程工具（如 GitHub Copilot），程序员只需用自然语言描述需求，AI 就能生成代码。这让没有太多编程经验的人，也能完成小型应用的开发。对

于有经验的开发者，AI 则极大缩短了开发周期，一个人能完成
过去需要团队数周的任务。

2. 艺术与设计的民主化：AI 生成艺术（如 DALL·E、Midjourney）
让个体艺术家能够快速产出作品，并在 NFT 市场或线上画廊直
接销售。创作不再依赖昂贵的设备和庞大的团队，而是依赖创意
与提示词的巧妙结合。

3. 产品创新的加速：AI 帮助创业者快速构建最小可行产品
（MVP），进行市场验证。过去需要团队投入数月的验证，如
今可能在数周甚至数天内完成。快速试错和迭代，让个体创业的
风险和成本显著降低。

4. 科学研究的辅助：AI 已经能够在药物研发、分子模拟、天体物
理等领域提供重要帮助。个人研究者或小团队通过 AI 获取建模
与数据分析能力，能够参与原本只有大型实验室才能触及的科研
项目。

案例：一位独立开发者利用 AI 自动化工具，仅用一周时间就开发出一款
效率类应用，并发布到 App Store，迅速进入榜单前列，月收入超过 5 万
美元。这在十年前几乎无法想象：一个人没有团队、没有资本，却能依
靠 AI 在短时间内创造出"全球产品"。

～

◆ 协作能力：跨越时空的无缝合作

协作是人类社会最重要的生产方式。过去，跨国协作往往需要大量差
旅、沟通和管理成本，但 AI 工具与远程平台的结合，正在让协作能力彻
底重塑。

1. 跨语言协作：AI 实时翻译和语音识别工具打破了语言壁垒。一
个巴西工程师与中国设计师可以通过视频会议实时交流，AI 自
动生成字幕和翻译，几乎没有延迟。语言不再是合作的障碍。

2. 虚拟办公室：Slack、飞书、Zoom、Notion 等协作平台已经成为"全球办公室"。AI 插件进一步增强了它们的功能：会议自动生成纪要，任务自动分配，跨时区日程自动协调。一个由不同国家人才组成的团队，可以像同处一室般高效合作。

3. AI 团队助手：AI 不仅是工具，还可以模拟不同角色参与团队协作。例如，一个项目组可以设置"AI 产品经理"来整理需求，"AI 工程师"来生成代码，"AI 翻译"来跨语种沟通。这些 AI 成员与人类成员一起形成了混合型虚拟团队。

4. 案例：一家初创公司仅有三名正式员工，却利用 20 多个 AI 代理覆盖了市场分析、邮件推广、客户转化等环节，九周内实现百万美元年化营收。他们的协作成本极低，但产出媲美 50 人以上的传统团队。

AI 让个体不必依附大公司，也能通过协作网络高效融入全球分工。

～

◆ **分发能力：触达全球的"算法引擎"**

创造的价值如果不能有效传播和分发，就无法产生真正影响。AI 工具在分发环节提供了强大的加速器。

1. 算法推荐：内容平台的 AI 推荐系统帮助创作者找到最合适的受众。一个短视频可以被算法精准推送到数百万潜在观众，让内容跨越国界迅速扩散。

2. 广告与营销优化：AI 能自动分析用户行为数据，优化广告投放，降低获客成本。过去需要专业团队才能完成的市场分析和投放策略，如今个体也能轻松驾驭。

3. 跨境电商与物流预测：AI 预测工具能分析库存与运输路径，提

升跨境电商的效率。一个小卖家也能像大型企业一样管理全球供
应链。

4. 案例：一位独立设计师在亚马逊开设网店，借助 AI 工具进行关
   键词分析与广告优化，使销量在三个月内提升了 300%。分发能
   力的提升，使得个人也能在全球市场获得曝光和用户。

AI 的分发能力让超级个体实现了"轻资产、高覆盖"：无需庞大渠道网
络，也能直接触达全球用户。

∽

◆ 变现能力：个体经济的闭环

创造与分发最终要落实到价值转化，才能形成可持续模式。AI 工具不仅
帮助个体创造价值，也帮助他们实现多元化变现。

I. 收入来源的多样化

- 广告与流量变现：YouTube、TikTok 等平台的广告分成，已让数
  以百万计的创作者获得稳定收入。
- 订阅与会员制：通过 Patreon、Substack 等平台，个体创作者可
  直接向粉丝收取订阅费用，获得持续支持。
- 电商与虚拟商品：AI 生成的数字艺术、课程、插件、模板，都
  能在 Shopify 或 NFT 市场销售。
- 知识付费：AI 辅助内容创作，让个体能够快速推出课程、指南
  和咨询服务。

2. 跨境结算与金融科技

AI 与区块链结合，让跨境支付更加高效。稳定币、数字钱包、全球结算
平台让个体可以随时收取来自全球的款项，避免了传统银行的繁琐和高
额手续费。

3. 智能合约的保障

智能合约确保收益分配自动化与透明化。例如,音乐人上传作品后,播放收益可以按比例自动分配,无需中介介入。这让超级个体拥有了更公平的商业环境。

案例:一位东南亚的 YouTuber,利用 AI 自动生成视频内容,并通过广告分成和观众打赏,每月获得数千美元收入,足以覆盖当地的高端生活成本。这种变现方式过去需要大型媒体才能做到,如今一个人即可实现。

∼

◆ 挑战与隐忧

AI 工具赋能虽好,但超级个体在变现过程中也面临新的问题:

1. 平台依赖风险:个体收入过于依赖某个平台,一旦算法或规则调整,可能瞬间归零。
2. 技能鸿沟加剧:掌握 AI 工具的人迅速积累财富,而未能适应的人将被边缘化。
3. 虚假与版权争议:AI 生成内容可能涉及知识产权纠纷,法律制度尚未完善。
4. 心理与社交压力:个体在孤立环境中长时间工作,容易产生焦虑与孤独感。

这些问题提醒我们:AI 并非万能药,超级个体仍需学会在创新与风险之间找到平衡。

∼

◆ 未来展望:AI与个体的共生演化

未来,AI 工具的迭代将继续推动超级个体进化。

1. 认知层面:每个人可能都会有一个"个人数字大脑",随时提供学习和决策支持。

2. 表达层面：虚拟与现实无缝融合，让个体在元宇宙中构建品牌和社群。

3. 协作层面：AI 智能体团队可自动完成复杂项目，人类更多专注战略与创造。

4. 变现层面：代币经济与去中心化平台可能让收入更加公平、透明。

最终，超级个体与 AI 不再是"人用工具"的关系，而是"人机共生"。超级个体将成为"人机结合体"，拥有前所未有的生产力和创造力。

◆ 结语

AI 工具的六大维度赋能——认知、表达、创造、协作、分发、变现——构成了超级个体的完整成长路径。它们让普通人有机会独立运作一家公司，甚至与跨国企业同场竞技。

然而，赋能并不意味着没有风险。个体需要持续学习，掌握 AI 工具的最新迭代，同时建立多元化渠道，以减少对单一平台的依赖。只有这样，超级个体才能真正驾驭 AI 的力量，驶向更加广阔的未来。

这也为后续章节的展开奠定了基础：要让全民都能成为"超级个体"，我们必须解决身份、协作与结算的问题，并重塑组织模式。

数字身份、远程协作与全球结算技术

◆ 超级个体的底层支柱

超级个体的出现，不仅依赖 AI 工具的加持，更需要数字世界的基础设施支持。身份、协作与结算，构成了他们在全球舞台上自由航行的三根支柱。

- 数字身份 解决了"我是谁"的问题，确保跨境信任；
- 远程协作 解决了"我如何与他人合作"的问题，打破时间与地域障碍；
- 全球结算 解决了"价值如何流动"的问题，让劳动成果迅速转化为收入。

如果把超级个体比作一艘出海的船只，这三者就是"身份证明、通讯系统和结算账本"，缺一不可。

∽

◆ 数字身份：跨境信任的通行证

1. 传统身份的局限

在传统社会中，身份依赖护照、签证、学历证书、银行流水等"中心化"证明。但这些方式往往繁琐低效，且局限于单一国家。一个自由职业者即使有过硬的能力，也可能因为缺乏国际化的身份认证而错失机会。

2. 去中心化身份（DID）

随着区块链和加密技术的发展，去中心化身份（Decentralized Identity, DID）概念应运而生。它让个人能自主生成并管理自己的身份凭证，而非依赖政府或公司。学历、技能证书、信用记录都可以通过加密存储并随时验证。

这种身份的革命性意义在于：个体第一次成为自己身份的主人。他们可以选择性披露信息，在保障隐私的同时建立信任。

3. 数字护照的雏形

未来的"数字护照"，不再是纸质簿子，而是一串链上加密签名。一个 UI 设计师只需出示 DID，客户即可验证其作品与信誉，无需层层审核。DAO 社区的治理权，也可以直接绑定在身份凭证上。

例如，爱沙尼亚的"电子居留"（e-Residency）就是数字身份的现实探索。它允许全球创业者远程注册欧盟公司，成为跨国经营的"数字公民"。这种模式预示着未来趋势：身份不再依赖地理，而是依赖加密凭证与数字信任网络。

4. 风险与挑战

- 隐私问题：身份数据如何避免泄露和滥用？
- 标准不一：不同国家和平台的身份体系如何打通？
- 权力集中：身份协议若被少数公司掌控，是否会形成新的垄断？

这些挑战决定了数字身份能否真正普及，以及它是否会成为超级个体的护航灯塔。

～

◆ 远程协作：跨国合作的新范式

1. 协作的历史演变

人类的协作方式经历了三次重要演变：

- 本地化协作：在农业与工业社会，协作往往局限于工坊、工厂或办公室的物理空间。
- 信息化协作：在互联网初期，邮件、论坛成为协作工具，但沟通效率依旧有限。
- 智能化协作：今天，AI 融入云端协作平台，远程合作不仅无碍，甚至可能比同地协作更高效。

这种演变让超级个体能随时加入全球分工，而不必依赖本地雇主或组织。

2. 虚拟办公室与全球团队

远程协作平台如 Zoom、Slack、Notion、飞书，已经让"虚拟办公室"成为现实。AI 插件进一步提升了它们的能力：

- 自动生成会议纪要，避免遗漏要点；
- 智能安排任务，减少沟通摩擦；

- 自动同步跨时区日程，保证项目持续运转。

一个项目组可以分布在纽约、北京、里斯本和内罗毕，但在云端办公的支持下，他们仿佛共享同一间办公室。

3. AI 驱动的协作增强

AI 工具为远程协作注入了更多智能元素：

- 实时翻译：消除语言障碍，让跨国团队无缝交流；
- 智能项目管理：AI 根据任务进度自动提醒或调整优先级；
- 情绪分析：AI 能检测沟通中的情绪波动，帮助团队优化互动氛围。

这种"人机混合协作"模式，让个体和团队都能在更大范围内高效合作。

4. 案例：跨境项目的日常

一名中国开发者与美国、印度的工程师共同参与一个开源项目。过去，他们需要复杂的翻译、时区协调和文档管理。现在，通过 GitHub + AI 翻译 + Zoom，团队跨时区接力，白天黑夜无缝衔接。结果是：项目迭代速度比同地团队还要快。

另一位数字游牧者在清迈的咖啡馆，通过 Slack 与欧洲初创公司保持沟通。AI 助手自动记录任务，整理成待办清单。他只需每天查看 AI 提示，就能掌握项目进展，保持与客户的高度同步。

5. 远程协作的社会意义

这种跨国、跨时区的协作不仅是效率问题，更是社会结构的转型。它正在形成一个"全球办公室"：

- 个体不再需要移民或长途迁徙，就能参与全球经济；
- 企业可以随时获取来自世界各地的专业人才；
- 知识与创新得以在全球范围内快速流动。

这意味着，远程协作正在重新定义"劳动全球化"，并成为全民出海的重要基石。

～

◆ 全球结算：价值流动的血液

1. 传统支付的困境

在传统模式下，跨境支付一直是超级个体面临的最大痛点之一。

- 成本高昂：电汇需要经过多家中介银行，手续费往往超过 5%–10%。
- 周期漫长：从美国到亚洲的一笔款项，常常需要 3–7 个工作日才能到账
- 不透明：跨境支付涉及复杂的汇率与隐藏费用，个体常常无从掌握。

对于一个靠接单为生的自由职业者，这种成本和延迟可能直接决定其能否维持生计。过去，许多人即便有能力接海外项目，也因结算问题望而却步。

2. 稳定币与数字钱包

随着区块链和金融科技的发展，稳定币和数字钱包为超级个体带来了全新的可能。

- 即时到账：USDT、USDC 等稳定币实现几乎秒级转账。
- 低成本：手续费接近于零，大幅降低了支付门槛。
- 无国界：不受银行节假日、地域限制，24 小时随时结算。

如今，许多自由职业者已经把稳定币作为主要收款方式，尤其是在金融体系不稳定或汇率波动剧烈的国家，它成为"数字避风港"。

3. 全球结算平台的兴起

除了加密货币，金融科技企业也在为超级个体提供合规结算解决方案。

- Remote、Oyster、Slasify 等平台，帮助个体和企业处理跨境薪资、税务和合规问题。
- 它们通常覆盖 100 多个国家，支持多币种结算，让个人收入可以直接转化为本地货币。
- 对于小团队而言，这意味着可以像大企业一样进行全球招聘和支付。

案例：一家三人初创公司利用 Slasify，雇佣了来自 5 个国家的工程师与设计师，所有薪资自动结算到本地账户。若按传统方式操作，光是跨境合规与薪资发放，就可能让他们不堪重负。

4. DeFi 与未来金融

去中心化金融（DeFi）为超级个体提供了进一步的可能：

- 链上理财：自由职业者收到稳定币后，可以立即投入 DeFi 平台，获得额外收益。
- 跨境借贷：不再需要传统银行的信用评估，链上信誉即可获取贷款。
- 微支付与订阅：AI 驱动的智能合约可以按分钟、按使用量支付费用，推动服务经济的新模式。

这意味着，超级个体的金融世界不再局限于"收款"，而是形成了 结算—投资—消费 的完整闭环。

5. 风险与挑战

当然，全球结算体系也面临不少挑战：

- 合规博弈：各国对加密支付的态度差异巨大，存在法律风险。
- 波动与稳定：虽然稳定币设计初衷是避免波动，但仍有脱锚风险。
- 安全隐患：一旦钱包私钥泄露，资产可能无法追回。

因此，未来的全球结算需要在 效率、合规与安全 之间找到平衡。

◆ 三者的融合：数字航海的地图

数字身份、远程协作和全球结算，并不是孤立存在的技术或制度，它们像三条相互交织的航线，共同构成了超级个体的数字航海图。

- 身份 提供了跨境信任，使个体能进入全球市场；
- 协作 提供了生产方式，使个体能与世界各地的人一起创造价值；
- 结算 提供了价值流动的血液，使个体的劳动成果转化为经济回报。

三者结合在一起，就形成了一个完整的闭环：从"我是谁"到"我能和谁合作"，再到"我如何获得报酬"，每一个环节都不再依赖传统组织，而是由技术与平台支持。

◆ 真实案例

I. 自由设计师的数字护照

一名自由设计师通过链上身份系统存储了学历和技能凭证，在不同自由职业平台接单时，客户可以一键验证。他因此减少了重复的审核环节，效率提升 60%，并成功拓展到欧美市场。

2. 远程工程师的全球团队

在巴厘岛的一间共享办公空间，一名工程师利用 AI 翻译与 Slack 与硅谷公司实时协作。他的身份由 DID 验证，报酬通过稳定币即时到账，真正实现了"随时随地办公"。

3. YouTuber 的跨境结算

一位生活在东南亚的 YouTuber 依靠稳定币收取粉丝赞助，比起传统银行结算快十倍，手续费几乎为零。他不必担心本地货币贬值，而是直接使用美元稳定币，从而获得稳定收入。

这些案例表明：数字身份、远程协作与全球结算的结合，正在让超级个体自由驰骋于世界舞台。

～

◆ 风险与挑战

尽管前景光明，但现实中的挑战仍然不容忽视：

- 数字鸿沟：高速网络和数字身份体系尚未在所有地区普及，发展中国家部分群体可能被边缘化。
- 合规难题：不同国家对加密货币和远程雇佣的监管政策差异巨大，可能带来法律风险。
- 隐私与安全：身份与钱包一旦被盗，损失难以挽回。
- 劳动权益：在无边界市场中，如何保障个体的基本权利，仍是政策难点。

这些问题提醒我们：技术虽然强大，但若缺乏制度与文化的配套，超级个体的航程依然充满暗礁。

～

◆ 未来展望：驶向无边界社会

未来的世界，可能会形成一种新的社会形态：

- 数字护照普及化：每个人都拥有一份链上身份，随时进入全球市场。
- 沉浸式协作：结合 XR 技术，远程协作将比肩面对面，甚至更高效。
- 无国界金融：DeFi 和稳定币体系逐渐取代部分传统银行职能，形成更开放的金融网络。

- 全球公民意识：个体不再局限于国家身份，而是以"数字公民"的
  身份参与全球经济与治理。

这意味着，人类社会正朝着"无边界社会"迈进。在这个社会中，每一个
人都可能成为数字航海者，凭借身份、协作与结算三大基石，在全球市
场自由航行。

～

◆ 结语

数字身份、远程协作与全球结算，不只是技术工具，而是 超级个体得
以生存与发展的根本条件。它们共同支撑起一个新的秩序，让个体摆脱
组织依附，真正成为"全球市场的自由单元"。未来，随着这三者的不断
完善，我们将看到越来越多普通人走向世界，形成全民出海的浩荡景
象。

从依附到共生：传统组织模型的变迁

～

◆ 组织逻辑的转折点

自人类社会进入文明以来，组织一直是人类协作和生产的基本形态。从
部落、行会、军队到现代企业，组织模式不仅决定了生产方式，也塑造
了社会结构。长期以来，个体只能依附于组织，才能获得资源、保障与
社会认同。然而，随着 AI 与数字平台的崛起，组织与个体的关系正发生
深刻转变：从"依附关系"向"共生关系"过渡。

在这个转折点上，我们需要重新审视：组织存在的意义是什么？个体与
组织的边界又在哪里？

～

◆ 传统组织的"依附逻辑"

1. 工业化的金字塔结构

工业社会的企业多采用金字塔结构：

- 上层：掌握战略与资本的少数人；
- 中层：执行命令并传达信息的管理者；
- 底层：完成流水线任务的普通劳动者。

这种结构在提高效率的同时，把个体变成了可替换的零件。一个工人往往只是庞大机器中的一个齿轮，他的身份和价值由组织赋予。

2. 个体对组织的依赖

在这种逻辑下，个体对组织的依赖体现在三个方面：

- 身份依赖：社会地位、收入、福利几乎全部由公司或组织决定。
- 资源依赖：没有组织提供的资本与渠道，个体很难在市场上生存。
- 发展依赖：职业路径和晋升空间由组织掌控，个体缺乏自主选择。

这种依附逻辑在工业化时代无可厚非，因为大规模机器生产需要标准化和集权化。但它也带来显著的弊端。

3. 依附的代价

- 创新受限：层层审批让创意在传递中逐渐消失。
- 风险集中：当企业裁员或倒闭，个体往往一无所有。
- 异化问题：个体在高度分工中失去了对劳动成果的控制，沦为"异化劳动"的执行者。

正如马克思所批判的那样，工业资本主义把人从"完整的人"异化为"单一功能的工具"，这便是依附逻辑的极端结果。

∽

◆ 技术驱动的裂变

AI、云计算与数字平台的兴起，使个体第一次有可能绕过传统组织，直接进入市场。组织与个体之间的"单向依附"关系，正在被技术裂解。

1. 资源的去中心化

在工业社会，生产资料高度集中，个体几乎不可能独立获取资本、机器或渠道。但在数字社会，AI 与云服务大大降低了进入门槛：

- 云计算：个体可以低成本租用算力与存储，按需付费。
- 开源生态：从 Linux 到 Python，再到各种开源 AI 模型，个体可以免费使用世界级技术。
- AI 工具：生成式 AI 把专业知识封装成"即取即用"的功能，让个体像使用电力一样调用生产力。

这种资源的"去中心化"让个体不必再依附于组织，就能获得大企业才有的能力。

2. 协作的去边界化

AI 与远程协作平台使地理不再是障碍。

- 通过 Zoom、Slack、Notion，分布在全球的个体可以像同处一室般工作。
- DAO（去中心化自治组织）通过智能合约分配任务和奖励，让协作彻底突破国界。
- AI 辅助的项目管理工具，让跨时区接力成为常态，项目甚至可以 24 小时连续推进。

组织原有的"集中办公室"逻辑正在被打破，协作变得更加灵活和全球化。

3. 信任的去中介化

在传统模式下，个体需要借助企业的信用背书，才能获得客户或合作伙伴的信任。如今，区块链和数字身份系统让信任可以通过技术直接建立：

- 智能合约：保障交易自动执行，减少违约风险。
- 链上身份与声誉系统：让个体凭借历史贡献与技能凭证进入全球市场。
- 去信任化机制：不必依赖第三方机构，也能实现透明、可追溯的合作。

信任不再只掌握在组织手中，而是回归到个体与社区。

∽

◆ 组织模式的解构与再造

技术裂变带来的结果，是组织模式本身正在被解构。

1. 传统科层制的松动

AI 把大量中层管理的功能（如汇报、分析、监控）自动化，削弱了中间层的存在感。

2. 小型化与平台化的趋势

企业趋向保持小而精的核心团队，把更多职能交给外部超级个体或自由职业者。

3. 生态化的重组

组织越来越像网络平台：既是规则的制定者，也是基础设施的提供者；个体则成为网络中的节点，随时进出、自由组合。

这种解构与再造，正在催生全新的"共生型组织"，它与个体之间的关系不再是从属，而是互相成就。

∽

◆ 共生组织的兴起

当 AI 和数字平台将资源与能力下放到个体时，传统的"依附"逻辑逐渐失效。新的趋势是：组织与个体之间开始形成动态的共生关系。

1. 组织为个体赋能

未来的组织更像是"基础设施提供者"和"生态搭建者"。它们提供算力、规则、市场和连接，让个体能够以最小的成本进入全球经济。

例如：亚马逊提供物流、支付与客户触达，YouTube 提供流量与广告分成，GitHub 提供协作与版本管理。组织的角色越来越像"数字港口"，而个体就是随时进出的船只。

2. 个体为组织赋能

反过来，超级个体的创意与灵活性也成为组织的生命力来源。平台没有创作者，就无法繁荣；公司没有自由协作的外部个体支持，就难以保持创新。个体的贡献决定了组织的活力。

3. 组织形态的演变

这种双向关系推动组织从"科层制"向"网络化、生态化"演进。组织更像一个个细胞网络，由无数个体节点组成，每个节点既独立，又互相连接，形成复杂而有机的整体。

～

◆ 现实案例：从依附到共生的缩影

1. YouTube 与创作者

YouTube 提供算法推荐、广告与版权保护系统，而无数个体创作者贡献了源源不断的内容。平台与个体互为依托：平台赋能个体，个体反哺平台。但当分成机制被质疑时，也会出现紧张关系，提醒我们共生关系需要不断调整。

2. 亚马逊与卖家

亚马逊构建全球物流与支付体系，让个体卖家进入全球市场。但卖家也成为亚马逊商业帝国的重要组成部分。一旦规则收紧，个体可能瞬间失去渠道，这揭示了共生关系中的脆弱性。

3. DAO 与开发者

DAO 没有传统意义上的"公司"，而是依靠智能合约运转。个体开发者通过投票和代码贡献，既是劳动者，又是治理者。这是一种纯粹的共生模式，体现了去中心化组织的新逻辑。

4. 初创公司与外部个体

越来越多初创企业从一开始就采用"远程优先"和"超灵活"人才策略。他们保持小核心团队，把更多职能交给全球范围的超级个体完成。这种模式下，个体不再是附庸，而是企业的合作伙伴。

～

◆ 挑战与张力

尽管"共生"听起来充满希望，但现实中个体与组织之间的关系依然存在不小的张力。

1. 平台依赖

个体虽然不再依附于传统公司，却可能深度依赖数字平台。一旦平台算法改变或政策收紧，超级个体可能瞬间失去主要收入来源。这种"新型依附"比传统依附更隐蔽。

2. 文化与制度的转型

组织要从"老板—员工"的垂直关系，转向"伙伴—合伙人"的横向关系，需要文化与制度上的深刻重构。没有透明、公平的规则，共生关系很容易沦为口号。

3. 社会保障缺位

传统公司承担了社保、养老金、医疗保险等功能，而在超级个体时代，这部分责任谁来承担？政府、平台还是个体自己？目前尚无清晰答案。

4. 利益冲突

组织希望保持生态稳定，个体则希望获得更多自主权。两者在流量分配、收益分成等问题上，常常爆发冲突。

～

◆ 未来组织模型的可能形态

面对挑战，新的组织模型正在萌芽：

1. 蜂群模式

由无数个体和小团队组成，灵活组合、快速解散，像蜂群一样高效运作。适合创意产业、创新研发等快速迭代的领域。

2. 混合模式

企业保留战略核心与关键资源，其余职能依靠自由职业者和超级个体完成。这样既保持稳定，又能兼具灵活性。

3. 超级生态

平台、个体与社区共同组成"数字城邦"，以算法和共识治理为基础。每个参与者既是生产者，也是治理者，形成真正的共生网络。

这些模式可能并行存在，并根据行业特点演化。无论哪种模式，其核心趋势都是：个体不再被组织吞没，而是成为平等节点。

～

◆ 迈向共生文明

"从依附到共生"不仅是一种组织模式的转变，更是一种文明形态的跃迁。

- 在过去，个体依附于组织才能生存；
- 在今天，个体与组织互相成就；
- 在未来，组织更像"数字海洋"，个体如同灵活的小船自由探索，公司是稳定的舰队，城邦是远方的灯塔。

三者共生，才能让社会航行得更远、更稳、更自由。

展望：超级个体与全民出海

∽

◆ 从个体浪潮到全民出海

超级个体的崛起已经在全球范围内掀起浪潮。一个个体借助 AI 工具和平台，不仅能独立完成创业项目，还能在全球市场谋生。过去，这是少数精英创业者或跨国公司才能做到的事情；而今天，任何一个普通人——无论身处大城市还是小乡村——都可能成为"数字航海者"。

"全民出海"意味着，出海不再是资本和组织的专利，而是每个人的可能性。未来，超级个体的数量将以指数级增长，最终汇聚成全民出海的时代潮流。这不仅是经济现象，更是一场社会和文化的深刻变革。

∽

◆ 全民出海的驱动力

1.技术普及：AI 成为"平等器"

AI 工具的广泛应用，让个体第一次站在了与大公司几乎相同的起跑线上。

- 生成式 AI 可以写代码、生成文案和设计图，让个人拥有团队级的生产力。
- 云计算与开源模型的普及，让资源不再是少数人的特权，而是任何人都能负担得起的公共品。
- AI 就像"终极平等器"，让资源与能力民主化，为全民出海奠定了基础。

2.平台赋能：全球港口的开放

数字平台提供了进入全球市场的航道。

- YouTube、TikTok 让创作者直接触达全球观众；
- 亚马逊、Shopify 让卖家跨境开店；
- Upwork、Fiverr 让自由职业者对接全球客户。
- 这些平台相当于大航海时代的港口和航道，把世界市场摆在了每个人的面前。

3. 社会观念转型：自由与创造的追求

新一代青年更加重视自我价值与自由。他们不再满足于单一的职业身份，而是追求多重角色的"斜杠人生"。数字游牧生活方式正在流行，越来越多人希望在全球旅行中工作和生活。这种观念的转变，使得"出海"不仅是经济行为，更是生活方式的选择。

4. 全球需求扩张：个体的机会窗口

全球经济正在产生新的需求：

- 企业需要灵活用工，越来越依赖自由职业者和远程合作。
- 消费者追求多样化的内容与产品，给个体创作者和小卖家带来机会。
- 新兴市场的崛起为个体创造了蓝海，数字服务、跨境电商、内容创作都迎来新的增长空间。

因此，个体与市场之间的匹配效率不断提升，全民出海具备了坚实的市场基础。

◆ **全民出海的图景**

1. 个体层面：人人皆可成为"出海者"

在全民出海的浪潮中，每一个普通人都可能以自己的方式走向世界。

- 自由职业者的普遍化：预计 2030 年，全球超过一半的劳动者将以自由职业或混合模式工作。他们不再受雇于单一公司，而是以项目制、合同制灵活参与市场。

- 一人公司的常态化：AI 工具使得个人可以独立完成企业级的研发、营销和服务。未来，一个人就是一个企业，一个企业可能只有一个人。

- 数字身份的普及化：去中心化身份（DID）和数字护照的出现，让个体无需依赖政府或平台背书，就能获得全球信任。身份成为跨境的钥匙，赋予个体更强的行动自由。

这意味着，个体从"劳动者"逐渐转型为"创业者"，从"组织成员"转型为"独立节点"。

2.产业层面：小团队的崛起与产业重组

全民出海不仅改变个体，也正在重构产业格局。

- 小团队的崛起：许多行业将被"小而美"的创新团队主导。他们借助 AI 与平台，快速推出产品并验证市场。传统的"大而全"企业模式将逐渐被"轻而精"取代。

- 供应链的再分配：远程操控、柔性制造与全球物流系统，让生产不再依赖于单一地域。超级个体和小团队可以直接接入全球供应链，成为价值链的一环。

- 行业生态的重构：内容产业、电商产业、教育产业都在被个体重塑。例如：独立游戏开发者在 Steam 上与大厂同台竞争；教育博主通过线上课程影响百万学生。

全民出海将带来一种新的产业逻辑：不是企业驱动个体，而是个体共同推动产业。

3.社会层面：新中产与文化交融

全民出海的社会意义更为深远。

- 新型中产的形成：依靠数字平台与跨境收入，超级个体和自由职业者将成为新兴的中产阶级。他们的收入虽不一定稳定，但在灵活性和多样性上远超传统职业。

- 全球文化交流：当数以亿计的个体直接参与全球市场，文化的传播与交融将前所未有地加速。一个中国的短视频创作者可能在一夜之间走红巴西；一位非洲音乐人可能通过 TikTok 红遍亚洲。

- 社会结构的多样化：传统"单位人""公司人"的社会形象逐渐淡化，取而代之的是"全球流动人"。社会将出现更多跨文化社区和数字社群，新的社交纽带正在取代旧有的组织关系。

这不仅是经济现象，更是一场社会文化的再造。

◆ 风险与挑战

I. 平台依赖与"数字农奴制"

全民出海的基础设施大多来自数字平台。个体通过平台获取流量、订单和结算，但也高度依赖于平台的规则。

- 一旦平台算法调整，可能导致创作者流量断崖式下跌；
- 一旦平台提高抽成比例，个体收入将大幅缩水；
- 一旦账号被封禁，个人甚至可能瞬间失去主要生计来源。

这种依赖关系类似于历史上的"农奴制"：表面自由，实则受制于平台的土地与规则。

2. 数字鸿沟与不平等

全民出海并不意味着所有人都能平等参与。

- 技能鸿沟：掌握 AI 和数字工具的人将快速积累财富，而未能适应的人可能被边缘化。

- 设备鸿沟：高速网络、先进设备在一些地区仍难以普及。
- 教育鸿沟：缺乏教育资源的群体更难抓住机会，进一步加剧社会不平等。

这可能催生新的"数字贫富差距"。

3. 监管滞后与合规挑战

跨境税收、知识产权、劳动权益等问题，在全球范围内缺乏统一规则。

- 自由职业者可能在多个国家接单，却难以处理复杂的税务问题；
- AI 生成内容可能引发版权争议，缺乏法律保障；
- 远程劳动者可能因缺乏劳动合同而权益受损。

如果没有制度创新，全民出海可能在法律和监管上陷入混乱。

4. 心理与社会压力

超级个体虽然自由，但自由也意味着责任与孤独。

- 孤立感：长期远程工作缺乏面对面的社交支持。
- 焦虑感：收入的不稳定和竞争的加剧容易导致心理压力。
- 过劳问题：个体常常需要身兼数职，承担研发、运营、客服等多重角色，容易陷入过度工作。

全民出海如果缺乏心理健康与社会支持体系，可能成为一场"孤独的航行"。

〜

◆ 制度与治理前瞻

全民出海不仅是个体和企业的选择，更是制度和治理必须回应的现实。没有规则的航海，注定会陷入混乱。为了让这股浪潮成为推动社会进步的力量，而不是新的剥削和分化，我们需要新的制度框架。

1. 全球规则：数字海洋的"国际法"

正如大航海时代的《海洋法》定义了航行与贸易的规则，数字时代也需要类似的"数字海洋法"。

- 数据保护协议：建立跨国数据使用与隐私保护标准，避免个人信息被跨境滥用。
- AI 治理规范：确保算法透明、公平，避免平台过度操纵用户。
- 跨境劳动规则：为自由职业者和远程劳动者提供统一的劳动保障标准。

这些规则的制定，需要各国政府、国际组织与科技企业共同参与，构建一个开放而公正的数字公共领域。

2. 财富分配：共享平台红利

全民出海的价值不能只被平台和少数精英收割。

- 数字税：对跨境数字收入征收合理税收，用于支持弱势群体的教育和培训。
- 红利共享：平台应将部分收益返还给创作者和用户，避免垄断和极端不平等。
- 普惠基金：设立全球教育基金或技能提升项目，让更多人能够掌握 AI 和数字工具。

这样，数字红利才能真正惠及大众，而不是加剧马太效应。

3. 教育与培训：降低门槛

全民出海的前提是全民具备数字素养。各国政府与平台应推动：

- AI 普及教育：让每个人都能掌握基础的 AI 使用技能。
- 再培训计划：帮助传统行业的劳动者转型为数字劳动者。
- 跨文化教育：培养全球沟通和协作能力，让个体更快融入国际团队。

教育是打破数字鸿沟的唯一解药。

4. 身份与权益：保障个体主权

在全民出海的格局中，个体必须拥有数据和身份的主权。

- 去中心化身份（DID）：让个体自主掌握自己的数字身份。
- 数据确权：明确个人数据的归属与收益权，防止平台单方面剥夺。
- 全球社保探索：通过国际合作，为跨境自由职业者提供最低限度的医疗和养老保障。

这些措施不仅是保护个体，更是为全民出海的可持续性奠定制度基石。

～

◆ 未来社会愿景

1. 人人皆可出海

在未来，出海不再是跨国企业或高端创业者的专利，而是普罗大众的日常选择。

- 一个农村孩子，凭借 AI 工具学习技能，就能在全球平台接单；
- 一个家庭主妇，利用短视频分享生活，便能与世界观众互动并获得收入；
- 一个小镇青年，可以通过跨境电商卖货到欧美市场。

这意味着，出海将从"少数人的特权"变成"多数人的权利"。

2. 个体与公司共生

超级个体与超级公司将形成新的生态格局：

- 公司为个体提供规则、算力和市场；
- 个体为公司贡献创意、内容与灵活性。
- 这种关系类似大航海时代的"港口与商船"：港口提供补给，商船带来财富。未来的数字社会将以这种共生关系为核心。

3. 全球新秩序

全民出海将催生新的社会契约：

- 国家公民：仍然由护照和地域决定；
- 平台公民：在 YouTube、TikTok、亚马逊等平台建立身份与规则；
- 算法公民：通过区块链和智能合约参与治理，享有数字社会的权利。

这预示着社会结构的深刻转型：主权与归属感将由国家、平台和算法共同定义。

❧

◆ 真实故事的启示

- 东南亚青年电商创业：一名青年在家乡开设跨境网店，通过亚马逊和 AI 工具把家居用品卖到美国和欧洲，月入数万美元，带动周边就业。

- 巴厘岛数字游牧者：一名设计师在共享办公空间为欧美十几家公司远程服务，收入超过本地平均水平数倍。

- 欧洲YouTuber：依靠 AI 自动生成视频和跨境结算，这位创作者每月稳定获得美元收入，完全摆脱了本地经济环境的限制。

这些故事证明，全民出海不是未来的幻想，而是已经在发生的现实。

❧

◆ 驶向全民出海的时代

全民出海是超级个体的必然延伸，也是全球化的新阶段。

- 它不再是精英的远洋舰队，而是千千万万个普通人的小船汇聚成的浩荡船队；
- 它不再是资本的独角戏，而是个体创造力的全民合唱；
- 它不再仅仅是经济的扩张，而是社会结构与文化形态的重塑。

未来的世界将是这样的：

- 技术让资源平等可得；
- 平台让市场触手可及；
- 规则让价值流动更公平。

在这样的世界里，每个人都是航海者，每个梦想都可能成为旗舰。全民出海的时代已经到来，它将推动人类驶向一个更开放、更自由、更繁荣的新天域。

3

第三章 全民出海—劳动力打破国界重组全球

"天赋是均等分布的，但机会不是。"

— 莱拉·贾纳（LEILA JANAH）

全球化进入新纪元：不再是工厂随迁，而是"数字化"劳动力跨越边界。AI、远程协作和机器人正在协同作战，让劳动者无需动身出门，就能参与全球经济。曾经，人们靠移民、海外建厂或服务外包打破国界；如今，一个人、一部电脑、一条网络，就能把人才和服务送到地球另一端。正如一位专家所言："数字化和自动化让体力劳动'远程化'成为现实"。在AI赋能下，劳动力"出海"已经从物理层面转向虚拟空间，全球价值正在被重构。

劳动力出海的前世今生：从移民潮到外包潮

～

◆ 移民潮

"劳动力出海"是人类经济史上一条重要主线。无论是 19 世纪欧洲移民涌向美洲金矿，还是 20 世纪亚洲工人走进欧美工厂，劳动力跨境流动始终伴随着全球化的浪潮。它不仅是经济行为，更是社会结构、文化融合与个人命运的重塑。

◇ 从"出海的船"到"出海的人"

传统意义上的"出海"，往往指的是商品、资本和企业的出海。但在人类历史中，最早出海的其实是人——也就是劳动力。数以亿计的普通人离开家乡，前往陌生的大陆，以劳动力为通行证融入新的经济体系。他们既是全球化的见证者，也是推动者。

◇ 19 世纪的大移民潮

I. 欧洲移民潮

- 19 世纪末至 20 世纪初，欧洲经历了两次大规模移民潮。贫困、战乱与工业革命带来的失业压力，让数千万欧洲人离开家乡，前往美洲、澳洲和非洲

- 美国历史上著名的"爱尔兰马铃薯饥荒"时期（1845-1852 年），超过 150 万爱尔兰人迁往北美，他们成为美国东海岸重要的劳动力来源。
- 意大利、德国、波兰等地的工人也大量移民美洲，推动了美国铁路、矿业和制造业的崛起。

2. 亚洲劳工的流动

- 中国的"华工"在 19 世纪末大量前往美洲、东南亚和非洲，从事修铁路、种植园、矿山等工作。著名的"苦力贸易"曾经是一段沉重的历史。
- 印度劳工也在英国殖民体系中被大规模外派到非洲、加勒比海和东南亚，为种植园和铁路提供人力。

◇ 移民潮的影响

- 经济影响：为新兴国家（如美国、澳大利亚）提供了关键的劳动力，支撑了基础设施和工业化进程。
- 社会影响：带来了多元文化融合，但也伴随歧视与冲突。
- 个体命运：移民虽辛苦，但他们通过劳动力获得了新的机会，改变了家庭乃至后代的命运。

可以说，19 世纪的移民潮是"劳动力出海"的第一次高潮，也是今天全球劳动力跨境流动的历史前奏。

◆ 20 世纪的海外建厂潮

1. 二战后的重建与劳动力转移

第二次世界大战结束后，全球产业格局重新洗牌。欧美发达国家经济迅速恢复，对廉价劳动力的需求急剧增加。与此同时，亚洲和拉美等地区拥有大量年轻劳动力，这为"海外建厂潮"提供了土壤。

- 日本与东亚"四小龙"：20 世纪 50-70 年代，日本、韩国、台湾、香港借助出口导向型产业，吸纳了大量工厂与外资，成为"世界工厂"的雏形。
- 拉美国家：墨西哥的"边境工厂（Maquiladora）"模式在 1960 年代兴起，美国企业将零部件运往墨西哥加工，再返销美国，以节省关税和劳动力成本。

这一时期，劳动力的"出海"不仅是人去海外打工，更体现为工厂直接迁往海外，带动劳动力在地消化。

2. 全球产业转移的逻辑

企业之所以将工厂迁出本土，有几个关键原因：

- 成本优势：海外劳动力更廉价，能显著降低制造成本。
- 市场接近：在目标市场建厂，可以缩短供应链，提高响应速度。
- 政策激励：许多国家出台免税、低租金等政策吸引外资建厂。

这种逻辑下，资本的全球流动速度远快于劳动力迁徙，逐渐形成了"资本自由流动、劳动力受限"的全球化格局。

～

◆ **20 世纪末的外包潮**

I. 服务业外包的兴起

到了 1980-1990 年代，信息技术的进步让 服务业外包 成为新趋势。

- IT 外包：印度成为全球 IT 外包中心，班加罗尔被称为"亚洲硅谷"。大量欧美企业将软件开发、系统维护交由印度团队完成。
- 呼叫中心：菲律宾、印度等地凭借英语优势，承接了美国和欧洲的客服与后台服务。

这些岗位本来需要在欧美本地完成，但由于数字通信的发展，劳动力可以在本地完成工作，却服务全球市场。

2. 外包潮的影响

- 全球价值链延伸：从制造业到服务业，跨境分工进一步加深。
- 中产阶层的崛起：印度、菲律宾的服务业外包，催生了大量新兴中产家庭。
- 发达国家的就业压力：部分蓝领与白领岗位被转移，导致欧美出现"产业空心化"和就业焦虑。

3. 外包的局限

外包虽然推动了全球协作，但也存在局限：

- 价值链低端锁定：许多发展中国家只能承接低成本、低利润的环节。
- 依赖性强：一旦外包订单减少，相关国家的就业立即受到冲击。
- 缺乏话语权：劳动者依旧缺乏全球议价能力，无法打破组织与资本的限制。

≈

◆ 从移民到外包的历史脉络

纵观 19-20 世纪的劳动力出海，可以看到一条清晰的轨迹：

- 19 世纪：劳动力通过移民跨境流动，直接参与他国建设。
- 20 世纪：资本跨境流动，带动劳动力在地被动吸纳。

这为今天的 数字出海 打下了基础：当资本、企业和劳动力的全球流动模式逐渐成熟，AI 与互联网的出现，才使得"个体直接参与全球市场"的条件真正具备。

≈

◆ 21 世纪：数字化转型与远程工作的兴起

1. 信息化推动劳动力的新一轮流动

进入 21 世纪，互联网与移动通信的普及，彻底改变了劳动力跨境流动的方式。与过去依赖实体迁徙不同，数字化让人们可以"虚拟迁徙"。

- 互联网外包平台：Upwork、Freelancer、Fiverr 等成为跨境雇佣的新港口，全球自由职业者通过这些平台接单，完成编程、设计、翻译等工作。
- 数字通信工具：Skype、Zoom、Slack 让跨境沟通成本大幅下降，使远程团队合作成为常态。
- 云端协作：GitHub、Google Docs、Notion 等工具把协作从本地化延伸到全球。

这些工具让"数字劳动力"不必移民，也能直接服务全球客户。

2. 全球远程工作的普及

21 世纪前 20 年，尤其是 2008 年金融危机之后，企业为了降低成本、提升效率，越来越依赖远程工作和自由职业。

- 企业端：公司雇佣远程员工或外包团队，减少办公室与管理开支。
- 个人端：劳动者在本地生活的同时，为全球企业工作，收入不再受限于本地市场。
- 例如，印度工程师可以在孟买家中为硅谷公司开发应用；菲律宾教师可以通过网络为美国学生教授英语。

这种模式实际上延续了 20 世纪的外包逻辑，但形式更加灵活，边界更加模糊。

3. 疫情的加速作用

2020 年新冠疫情成为远程工作的"超级加速器"。

- 全球数亿劳动者第一次体验到远程办公。
- 许多企业意识到，远程模式不仅可行，而且更具成本优势。

- 数字游牧成为潮流，越来越多劳动者开始尝试"边旅行边工作"的
  新生活方式。

这让远程工作从"备选方案"转变为"常态化选项"，为全民出海提供了文化和制度上的准备。

≈

◆ 劳动力出海的三次浪潮

如果我们把过去两百年的劳动力跨境流动总结起来，可以看到三次重要浪潮：

1. 移民潮（19 世纪）：人随劳动迁徙，移民到新大陆打工。
2. 外包潮（20 世纪）：资本与工厂迁徙，劳动力在地消化。
3. 数字化潮（21 世纪）：信息与任务跨境流动，劳动力以"数字身份"参与全球市场。

这三次浪潮递进演化：从"身体跨境"到"工厂跨境"，再到"数据跨境"。而当前，我们正站在第四次浪潮的门口——AI 驱动的全民出海。

≈

◆ 历史经验与启示

纵观过去两百年，劳动力出海从 移民潮、海外建厂潮 到 外包潮，每一轮都深刻影响了世界格局。

- 经济经验：劳动力跨境流动往往推动东道国的产业升级，也改变了母国的经济结构。美国的崛起离不开欧洲移民，中国制造的崛起也离不开跨国企业的建厂潮。
- 社会经验：劳动力出海不仅带来财富，也带来了文化碰撞与社会矛盾。从 19 世纪华工在美国的艰辛，到 20 世纪呼叫中心外包中的语言歧视，跨境劳动者常常承受额外压力。

- 制度经验：每一次浪潮都推动制度创新——移民潮催生了签证与国籍制度，外包潮催生了跨境贸易规则，而今天的数字出海，则呼唤新的数据、金融与劳动规则。

◇ 启示之一：劳动力是全球化的核心

无论是"人走出去"，还是"工厂搬过去"，其核心都是劳动力在新的环境中创造价值。资本可以全球流动，但最终需要劳动力把资本转化为产品和服务。

◇ 启示之二：制度决定出海质量

没有制度保障的劳动力出海，往往意味着剥削与不平等。19 世纪的苦力贸易和 20 世纪的外包低端锁定都说明，缺乏制度设计的跨境劳动，会陷入恶性循环。

◇ 启示之三：技术是浪潮的关键变量

从蒸汽船到电报，从电信网络到互联网，每一次技术进步都大幅提升了劳动力跨境流动的速度与规模。今天的 AI，则是开启新一轮浪潮的关键。

≈

◆ 三次浪潮的比较

1. 移民潮（19 世纪）

- 特征：个体跨境迁徙，直接提供劳动力。
- 优点：促进人口流动与国家建设。
- 局限：高风险、高成本，劳动者权益缺乏保障。

2. 外包潮（20 世纪）

- 特征：资本迁徙，劳动力在本地承接。
- 优点：推动发展中国家工业化和服务业升级。
- 局限：价值链低端锁定，依赖外部需求。

3. 数字化潮（21 世纪）

- 特征：信息和任务跨境流动，劳动者以"数字身份"接入全球市场。
- 优点：降低迁徙成本，机会更平等，灵活性更高。
- 局限：平台依赖、数字鸿沟、制度滞后。

～

◆ **过渡：走向数字出海的新模式**

今天，我们站在第四次浪潮的门口：AI 驱动的数字出海。

它既不同于 19 世纪的"身体跨境"，也不同于 20 世纪的"工厂跨境"，而是"算法驱动、数据跨境"。

- 个人不再需要移民，就能在本地接入全球市场；

- 企业不再需要大规模建厂，就能通过 AI 和远程协作组织生产；

- 劳动力不再是匿名的群体，而是一个个有数字身份的"超级个体"。

从移民到外包，历史的车轮滚滚向前，如今我们正进入一个全新的阶段：数字出海的新模式。

数字出海的新模式：AI驱动下的远程协作与自动化

～

◆ **从物理出海到数字出海**

历史上，劳动力的出海意味着"人"要跨越边界，或企业把"工厂"迁到海外。但在今天，出海越来越多发生在数字空间：不需要移民，不需要建厂，只需一台电脑和一条网络，就能接入全球市场。这种模式，我们称之为 数字出海。

数字出海最大的驱动力来自于 AI。它不仅是提高效率的工具，更是改变协作方式和组织逻辑的力量。通过 AI，劳动的输出形态发生了根本变化：

- 从"以人力为中心"转向"以算力为中心"；
- 从"集体协作"转向"人机共生"；
- 从"固定工作"转向"任务即服务"。

因此，数字出海不仅是劳动力跨境的新形式，更是一场生产方式的革命。

∾

◆ AI 驱动的远程协作基础

1. AI 消除了跨境沟通障碍

跨境协作最大的挑战是语言与时区差异。AI 实时翻译、语音识别和自动字幕，让不同语言背景的人可以几乎无障碍交流。AI 的语义理解能力远超传统翻译工具，使团队沟通更接近母语效果。

例如，一个中国工程师与巴西设计师在 Zoom 会议中，AI 同时为两人生成对应的母语字幕，还能实时总结会议要点。这样的沟通体验几乎等同于在本地工作。

2. AI 代替了部分中层管理

在传统组织中，中层管理者承担着任务分配、进度跟踪和绩效评估的角色。而在远程团队里，AI 项目管理助手可以自动完成这些工作。

- 自动生成任务清单；
- 根据进度提醒相关人员；
- 通过数据分析预测风险并提出优化建议。

这意味着远程协作可以更轻、更高效,组织规模不必庞大也能高效运转。

3. AI 让"人机混合团队"成为常态

AI 工具不仅是辅助者,还能扮演"虚拟队友"的角色。

- AI 产品经理:收集需求、生成方案;
- AI 工程师:生成代码并自动测试;
- AI 翻译:处理跨境沟通;
- AI 助手:记录会议、安排日程。

这种人机混合团队,使一个小型远程组织具备了大公司级别的生产力。对于超级个体来说,更是如虎添翼:一个人+一套 AI 工具,即可与全球企业协同。

◆ **自动化:从重复劳动到智能任务**

1. 自动化的核心价值

自动化的本质,是把大量重复性劳动交给机器完成,让人类把精力集中在更有创造力和判断力的工作上。AI 的加入,让自动化不再局限于"流水线",而是延伸到知识劳动和服务劳动。

传统上,自动化解决的是工厂里的体力劳动,如装配、搬运、检测。而今天,自动化正在接管客服、财务、市场推广、法律文书甚至新闻报道。劳动的边界正在被重新定义。

2. 自动化重塑任务分工

- 低端任务机器化:客服机器人、AI 翻译、自动化会计系统,让许多基础性工作被算法接管。人类不再需要处理大量标准化流程,而是转向监督与优化。

- 中端任务辅助化：AI 可以生成代码草稿、市场分析报告或设计稿，专业人员只需校正与优化。这大幅提高了产出效率，也改变了工作角色的定义。

- 高端任务增强化：AI 通过模拟与预测，辅助专家做出更复杂的决策。例如，医生可以借助 AI 分析影像，律师可以利用 AI 检索案例，企业战略家可以用 AI 模拟市场情境。

这种分工模式让劳动更加"层次化"：机器负责重复，AI 提供辅助，人类专注创造。

3. 自动化与全球劳动力市场

AI 驱动的自动化，让劳动进入"模块化"时代。

- 企业可以把任务切分成最小单元，交给不同国家的个体或 AI 执行；
- 平台将这些任务打包，推送给全球的自由职业者或自动化工具；
- 个体劳动者不再是"全流程的员工"，而是"按任务出售时间和技能"的节点。

这种模式使得劳动力市场更像一个全球任务市场。一个在非洲的程序员、一个在南美的设计师、一个在东南亚的 AI 工具使用者，可以同时为同一个项目提供不同模块的劳动。

4. 自动化带来的新型岗位

虽然自动化取代了一些传统岗位，但也创造了新的机会：

- 提示词工程师（Prompt Engineer）：专门设计与训练 AI 输入，以获得最佳输出。
- AI 监督员：负责审查与优化 AI 的结果，避免偏差和错误。
- 流程集成师：把不同 AI 工具和自动化模块整合到统一的工作流程中。
- 虚拟劳务设计师：为 AI 定义任务和角色，构建"虚拟团队"

这些新岗位表明，自动化并不是让劳动消失，而是让劳动形态不断进化。

～

◆ 劳动模式的重构

1. 从"岗位"到"任务"

过去，一个人进入企业往往意味着被赋予一个岗位，承担长期、固定的职责。今天，数字出海与自动化推动了一种新的逻辑：以任务为中心的工作模式。劳动者可能同时参与多个项目，为不同客户服务，而不再依赖单一雇主。

2. 从"雇佣"到"合作"

自动化削弱了传统雇佣关系的重要性。企业更愿意与自由职业者或超级个体合作，通过合同和平台完成结算，而不是长期绑定。个体与企业之间的关系，从"上下级"转变为"合作伙伴"。

3. 从"本地化"到"全球化"

自动化与远程协作结合，让劳动模式彻底全球化。企业不必在本地招聘，而是直接在全球范围内寻找最优解：有的工作由 AI 完成，有的由远程个体完成。地理边界被打破，劳动市场趋于一体化。

～

◆ 典型应用案例

1. 软件开发：一人团队的奇迹

过去，开发一款完整的软件往往需要十几人的团队，从需求分析、前端设计到后端开发和测试，环环相扣。但在今天，AI 编程助手（如 GitHub Copilot、ChatGPT Code Interpreter）可以帮助开发者快速生成代码，自动检测漏洞并提出优化方案。

- 案例：一位独立开发者仅用三周时间，在 AI 的帮助下开发出一款效率工具，并通过 App Store 上架，迅速吸引数万用户。
- 传统团队需要半年才能完成的产品，他一人便能完成。这正是 AI 自动化赋能的真实写照。

2. 跨境电商：智能化供应链

跨境电商的难点在于供应链管理与物流预测。AI 能够自动分析销量数据，预测库存需求，并根据地理位置优化仓储与运输路线。

- 案例：一家东南亚创业者团队使用 AI 工具进行选品和库存管理，把退货率降低了 20%，物流成本降低了 15%。
- 个体卖家也能借助平台提供的 AI 工具，获得与大型电商公司相近的供应链管理能力。

3. 客服与运营：AI 取代人力

在全球化业务中，客服往往是最耗费人力的环节。AI 聊天机器人能够 7x24 小时回答客户问题，自动处理常见的退款、订单查询等事务。

- 案例：一名独立电商卖家部署了 AI 客服，覆盖了英文、西班牙文和法文三种语言，客户满意度提升了 30%，而她自己节省下来的时间用来开发新产品。

4. 创意与内容：自动生成与精准投放

在数字营销中，AI 能够自动生成广告文案、视频和图像，还能根据用户画像精准投放。

- 案例：一位自由职业设计师用 AI 工具制作短视频广告，并在 TikTok 平台投放。AI 系统自动优化受众定位，使广告转化率比传统方法提升了一倍。

5. 远程医疗与教育：服务的跨境延伸

AI 自动化不仅应用于商业，还进入了医疗和教育领域。

- 医疗：医生通过 AI 辅助影像分析，为海外患者提供远程诊断。
- 教育：教师借助 AI 平台录制课程，自动生成字幕和多语言翻译，课程能够在全球范围内传播。

这些案例展示了 AI + 自动化 不仅是技术实验，而是已经深入到实际生产和服务流程中，让个体和小团队具备全球竞争力。

～

◆ 风险与挑战

1. 就业结构的冲击

AI 自动化和远程协作虽然提高了效率，但也带来就业替代的担忧。大量低技能岗位逐渐消失，客服、翻译、基础数据处理等被机器接管，部分劳动者可能因缺乏再培训而陷入边缘化。

2. 平台依赖与"数字剥削"

数字出海高度依赖平台，而平台规则和算法并不透明。

- 一旦平台抽成提高，个体收入立刻受损；
- 一旦算法推荐调整，创作者可能一夜间失去流量；
- 一旦账号被封禁，劳动成果可能瞬间化为乌有。

这种依赖关系若无制度约束，可能演变为"数字农奴制"。

3. 数字鸿沟与不平等

并非所有人都能平等地接入数字出海。高速网络、先进设备和 AI 工具的使用门槛，使得不同地区、不同群体之间的差距进一步拉大。掌握技能的人快速积累财富，而未能适应的人则被边缘化。

4. 安全与合规问题

跨境数字劳动的监管尚不完善：

- 税务：不同国家对跨境收入的认定和征税标准差异很大；

- 知识产权：AI 生成内容引发版权争议；
- 数据安全：远程协作平台可能带来数据泄露风险。

缺乏统一的全球规则，使得劳动者和企业都面临潜在的合规困境。

～

◆ AI 带来的新格局

AI 驱动下的远程协作与自动化，让"数字出海"真正成为可能：

- 它打破了地理与语言的限制，让个体随时随地进入全球市场；
- 它解构了传统的岗位和组织，把劳动转化为任务和模块；
- 它赋能了个体和小团队，使他们具备大公司级别的能力。

这种模式是继移民潮、外包潮之后，劳动力出海的 第三次重大变革，甚至可以称为一次"生产方式革命"。

～

◆ 未来展望：走向全民出海

展望未来，AI 驱动的数字出海将呈现几个趋势：

1. 任务市场化：劳动会越来越多地以"任务"为单位在全球流通，形成真正的全球任务市场

2. 人机共生化：人类与 AI 组成混合团队，劳动模式从"人替代机器"走向"人机协作"。

3. 制度配套化：新的国际规则将逐渐形成，从税收、劳动权益到数据治理，为数字出海提供保障。

4. 全民普及化：随着工具和教育的普及，数字出海将不再是少数人的机会，而是多数人的常态。

这意味着，未来的世界将进入一个"全民出海"的新时代，每个人都可能以超级个体的身份在全球市场驰骋。

超级个体与全球协作平台

~

◆ 从孤军奋战到全球连接

超级个体的出现，意味着个体拥有了独立创业、运营和创造的能力。然而，再强大的个人，也不可能完全孤立无援地完成所有事情。超级个体之所以能够真正发挥作用，离不开 全球协作平台 的支持。

这些平台是数字时代的新型"港口"和"市集"：

- 它们提供连接与流量，让个体可以接触全球用户和客户；
- 它们提供工具与规则，让协作变得透明、可信；
- 它们提供支付与合规，让交易顺利完成。

因此，超级个体与全球协作平台之间的关系，既像船与港口，也像蜂鸟与花园：相互依存，互相成就。

~

◆ 全球协作平台的兴起

I. 自由职业平台

Upwork、Fiverr、Freelancer 等平台，让数以千万计的自由职业者与全球客户直接对接。

- Upwork：全球最大的自由职业市场之一，涵盖编程、设计、写作、市场营销等数百种技能。
- Fiverr：以"微任务"著称，让个体将服务打包为固定价格的"Gig"，降低了雇佣门槛。

- Freelancer：通过竞标模式，让雇主与劳动者以最优价格匹配。

这些平台的核心价值在于：把"分散的个体劳动"组织成了"全球性的劳动力市场"。

2. 开源与开发者平台

GitHub、GitLab、Stack Overflow 等平台，让程序员与开发者能够跨国协作。

- 开源社区是全球协作的典范：一个在美国的开发者，可以与在印度的工程师、在中国的设计师共同维护一个项目。
- GitHub 已经不仅仅是代码托管工具，而是软件开发协作的中枢。

这种"开放式协作"正在成为超级个体的重要依托：他们既是平台的贡献者，也是受益者。

3. 电商与创作者平台

- 电商平台：亚马逊、Shopify、Etsy 让个体卖家直接进入全球零售市场。
- 创作者平台：YouTube、TikTok、Patreon 让个体通过内容触达全球观众，并实现变现。
- 这些平台让超级个体的创意与产品，不再受制于地域限制，而是面向世界。

～

◆ 平台赋能超级个体的机制

I. 流量分配：算法就是新的"风向标"

在数字时代，流量就是财富。平台通过算法推荐，决定了谁能被看见，谁会被淹没。

- 算法推荐：YouTube、TikTok 的推荐机制让普通人也有机会一夜爆红，超级个体可以凭借内容质量和话题敏感度获得巨大流量。
- 搜索排序：Upwork、Fiverr 等自由职业平台通过评级与关键词优化，把有信誉的劳动者推到更靠前的位置。
- 口碑机制：平台的评价系统成为信任的基石，用户评分直接影响个体的接单机会。

算法既是赋能，也是风险。它让个体不必依赖中介公司，却也使他们高度依赖平台规则。

2. 工具支持：降低门槛的"数字武器库"

平台不仅是中介，更是工具的提供者。

- 内容创作平台 提供剪辑、数据分析工具，帮助创作者优化内容。
- 电商平台 提供库存、物流、仓储服务，让个体商家无需自建供应链。
- 自由职业平台 提供项目管理、合同模板、交付监控等工具，确保合作顺畅。

这些工具极大降低了参与门槛，让个体得以"轻装上阵"，专注于创造与执行。

3. 支付与合规：打通全球结算的最后一公里

跨境支付与合规问题，是个体参与全球协作的关键障碍。平台在这方面扮演了"金融枢纽"的角色：

- 多币种结算：自由职业平台支持美元、欧元、英镑等多币种支付，并自动换算成本地货币。
- 安全支付担保：平台通常采用"托管"模式，只有在雇主确认工作成果后，资金才会释放给劳动者。
- 税务合规：一些平台提供基础的税务表格和申报指引，帮助个体应对跨境合规问题。

例如，Shopify 与 PayPal 的合作让小商户可以方便地接受全球支付；Upwork 则内置合规系统，简化自由职业者的报酬发放流程。

4. 社群与教育：赋能背后的软支持

除了技术和资金支持，平台还通过 社群与教育 帮助个体成长。

- 社群交流：许多平台设有论坛和社群，劳动者可以在其中交流经验、互相推荐。
- 在线教育：Coursera、Udemy 等平台直接为劳动者提供技能培训，部分平台甚至为创作者提供运营课程。
- 成长激励：通过认证体系、等级徽章等方式，平台激励个体不断提升自己。

这种"软支持"让超级个体更容易积累长期竞争力，而不是昙花一现。

～

◆ 合作与竞争的双重张力

超级个体与全球协作平台之间的关系，本质上是一种"亦敌亦友"的复杂格局。平台为个体提供舞台和工具，但也会通过规则限制或攫取部分收益。二者既是互相成就的伙伴，也是潜在博弈的对手。

1. 平台赋能个体：合作的基础

没有平台，超级个体很难快速触达全球市场。平台提供的流量分发、支付通道、工具支持，让个体不必建立庞大的基础设施，就能直接开展业务。

- YouTube 成就了数百万个体创作者；
- 亚马逊 让无数小商户在全球销售商品；
- Upwork 为自由职业者打开了跨国接单的大门。

这些平台像"数字港口"，个体则是出入的"商船"。离开港口，商船失去航道；没有商船，港口也就空旷无用。

2. 平台攫取红利：竞争的矛盾

随着平台规模不断扩大，它们逐渐掌握了越来越多的话语权，形成对个体的"软性控制"。

- 高额抽成：App Store 的 30% 抽成机制，曾引发全球开发者抗议。
- 流量分配的不透明：算法推荐规则往往黑箱操作，创作者无法掌握主动权。
- 账号与内容审核：一旦被误判或封禁，个体可能瞬间失去主要收入来源。

平台与个体之间的竞争，集中体现在 流量与收益分配的博弈。这是合作关系中的长期隐患。

3. 个体的独立尝试

越来越多超级个体在依赖平台的同时，也尝试摆脱平台约束，追求更多自主权。

- 多平台分发：创作者不再只依赖单一平台，而是同时经营 YouTube、TikTok、Instagram 等多个渠道，以分散风险。
- 自建品牌与社群：一些人建立个人网站、独立电商站，或运营 Discord、Telegram 社群，直接与用户连接。
- NFT 与 Web3 平台：通过区块链和智能合约，创作者可以直接面向粉丝出售数字作品，绕开平台抽成。

这种趋势表明，个体正在用新的方式与平台"讨价还价"，试图获得更平等的地位。

4. 双向依赖的现实

尽管存在矛盾，但个体与平台之间的关系仍然是 双向依赖：

- 平台需要个体持续创造内容、提供服务，否则生态就会枯竭；
- 个体需要平台提供基础设施，否则很难独立支撑全球化运作。

这种张力不会消失，而是会在未来演化出新的平衡机制。可能是 更透明的算法、更合理的分成模式，也可能是 去中心化平台 对传统平台的冲击。

～

◆ 未来趋势：平台的演化与个体的崛起

1. 平台的发展趋势

未来的平台不会仅仅是撮合交易的中介，而会朝着更智能、更去中心化、更服务化的方向演化：

- 智能化：平台将深度整合 AI，不仅推荐任务和客户，还能自动生成合同、检测交付质量、优化协作流程。
- 去中心化：Web3 技术有望推动新一代平台诞生，创作者可以凭借代币和智能合约直接与用户交易，平台不再掌握绝对控制权。
- 生态化：平台不仅是市场，还会提供教育、社群和金融支持，形成完整的生态闭环。

2. 超级个体的角色演变

随着平台的变化，超级个体的角色也会不断进化：

- 从"用户"到"节点"：个体不仅是平台上的使用者，也是生态中的一部分，影响平台的规则与发展。
- 从"接单者"到"合作者"：个体不再只是被动接单，而是与平台和其他个体形成横向协作关系。
- 从"劳动者"到"治理者"：在去中心化平台中，超级个体可以通过投票与治理机制，直接参与平台的规则制定。

这种角色的演化，意味着个体与平台之间的关系将从"依赖"走向"共治"。

～

◆ **案例：未来雏形的实践**

- DAO 平台：一些去中心化自治组织（DAO）已经在尝试构建自由职业平台，任务分配和报酬结算完全通过智能合约执行。个体既是劳动者，也是治理者。
- AI 协作平台：新兴的 AI 平台能为个体自动组建虚拟团队。例如，一个设计师输入需求后，平台自动调用 AI 工具和其他个体的技能，生成完整的项目方案。
- 多元分发策略：越来越多的超级个体通过多平台运营和社群私域建设，逐渐降低对单一平台的依赖。

这些尝试虽然仍在早期，但已经显示出未来的方向：平台与个体将更加平等，甚至走向共建。

◆ **超级个体与平台的共舞**

超级个体与全球协作平台之间的关系，注定是一场长期的"共舞"。

- 平台提供舞台与灯光，个体带来舞步与旋律；
- 平台赋能个体，个体反哺平台；
- 平台与个体既合作又博弈，在张力中寻找平衡。

未来，随着 AI、区块链和全球治理机制的完善，这种关系将更加健康和可持续。超级个体不再只是被动的参与者，而是积极的建设者与治理者；平台也不再只是控制的中心，而是个体共创的生态。

数字工具与制度创新：助推跨境劳务新时代

◆ **技术与制度的双轮驱动**

劳动力出海的历史表明，技术进步与制度设计往往是两股最关键的力量。技术决定了"能不能出去"，制度决定了"出去的质量"。

- 在 19 世纪，蒸汽船和电报让跨洋移民成为可能，但缺乏制度保障的"苦力贸易"让许多劳工沦为牺牲品。
- 在 20 世纪，通信技术和跨国公司推动了外包潮，但由于制度缺位，发展中国家常被锁定在价值链低端。

今天，进入 AI 驱动的数字出海时代，数字工具与制度创新必须齐头并进，才能真正推动 跨境劳务进入可持续的新阶段。

～

◆ 数字工具的革命性作用

I. 云端协作与任务分发

数字工具最直接的作用，是把分散的劳动需求与供给高效对接。

- 项目管理平台（如 Trello、Asana、Notion）帮助跨国团队协作。
- 任务众包平台（如 Amazon Mechanical Turk）把微型任务分发给全球的自由职业者。
- 专业协作平台（如 GitHub、Behance）为技术与创意劳动者提供展示与合作的舞台。

这些工具让劳动需求变得可拆分、可分发、可追踪，使个体劳动的跨境输出更加高效。

2. 支付与结算工具

跨境支付的难题正在被数字工具逐步解决。

- 数字钱包（PayPal、Stripe、Wise）让个人随时收取国际客户付款。
- 区块链与稳定币（USDT、USDC）实现低成本、即时到账。

- 综合服务平台（Remote、Deel、Slasify）整合了合同、结算和合规，降低了个体参与跨境工作的门槛。

这些工具让个体劳动成果可以快速转化为收入，极大提升了劳动者的积极性。

3. 技能学习与认证工具

在全球劳动力市场中，技能是"通行证"。

- 在线学习平台（Coursera、Udemy、edX）提供国际化的课程和认证。
- 技能认证平台（LinkedIn Learning、Credly）为劳动者建立数字化技能档案。
- AI 辅助学习工具 让劳动者以更低成本、更快速度完成技能升级。

这些工具帮助劳动者弥补知识鸿沟，使更多人有能力参与数字出海。

◆ 制度创新：为数字出海护航

I. 劳动权益保护

跨境数字劳务最大的风险之一，是劳动者权益缺乏保障。传统雇佣关系下，工会、劳动法和社会保障可以提供保护，而在数字出海环境中，个体劳动者往往处于"裸奔"状态。

- 合同标准化：需要建立全球通用的数字劳动合同模板，明确交付、报酬、知识产权归属和争议解决机制。
- 平台责任制：自由职业平台不仅是撮合者，还应承担一定的劳动保障义务，例如托管资金、提供纠纷仲裁。
- 数字工会：出现跨平台的虚拟工会或劳工组织，帮助个体争取权益，提升议价能力。

2. 税收与合规

跨境劳务收入的流动性极强，给各国税务监管带来挑战。

- 数字税探索：一些国家尝试对跨境数字收入征税，以平衡本国劳动市场。
- 自动化申报：平台可与各国税务系统对接，自动生成报表与缴税流程，减少劳动者的负担。
- 合规透明化：建立统一的数据共享标准，确保跨境收入申报合规，降低灰色地带。

这种制度创新的关键在于平衡：既不能让劳动者因税负过重而失去积极性，也不能让数字出海成为避税天堂。

3. 新型社保体系

传统社保体系依赖于本地雇佣关系，而数字出海劳动者往往游离在制度之外。

- 跨境社保协议：类似于部分国家之间已有的养老金互认机制，可以扩大到数字劳动群体。
- 平台缴纳机制：自由职业平台代扣代缴一部分社保费用，统一交至劳动者所在国或跨国社保账户。
- 个人数字社保账户：利用区块链建立跨境可携带的个人社保钱包，劳动者在全球任何地方都能持续缴纳和享受福利

4. 国际合作与治理

数字出海是全球性的现象，单一国家无法独自解决所有问题。

- 多边协定：类似WTO的贸易协定，应建立"数字劳务协定"，明确跨境劳动力的基本规则。
- 区域合作：东盟、欧盟等区域组织可以先行探索，推出区域内数字劳动力自由流动框架。
- 全球仲裁机制：建立跨境数字劳动仲裁体系，处理因语言、法律差异而产生的争议。

国际合作的目标，是让数字劳动力像货物和资本一样，享有清晰、透明和可预期的规则。

◆ 数字工具与制度创新的结合案例

I. 远程社保试点

一些国家和地区已经开始探索为远程劳动者提供新型社保体系。

- 爱沙尼亚电子居留（e-Residency）：允许全球创业者以数字身份注册欧盟公司，并享受欧盟的社保与税务体系。这是数字身份和制度创新结合的典型案例。
- 东南亚的区域合作：新加坡、马来西亚正在探索跨国社保账户互认，使得在区域内远程工作的劳动者可以持续缴纳和累积养老金。
- 平台代缴机制：部分自由职业平台已与当地政府合作，试点由平台为个体劳动者自动代扣并缴纳社保费用。

这种制度设计把数字工具嵌入到社保体系中，解决了"谁来保障个体"的关键问题。

2. 区块链合约与跨境支付

区块链智能合约正在被应用于跨境支付和劳动合同执行：

- 智能合同执行：自由职业者与客户在区块链上签订合同，任务完成后系统自动释放资金，避免拖欠与纠纷。
- 链上声誉系统：劳动者的历史履约记录被写入区块链，形成公开透明的信用档案，替代传统的中介审核。
- 多币种即时结算：稳定币支付与链上兑换让跨境结算几乎"秒级完成"，减少了银行和中介的成本。

例如，部分非洲自由职业者已通过区块链平台直接为欧美客户服务，绕过传统银行体系，实现即时、安全的结算。

3. 平台+政府合作的创新模式

一些国家开始通过 政府与平台合作 来探索新的制度安排：

- 菲律宾与自由职业平台合作：鼓励海外雇主通过平台雇佣菲律宾远程工作者，并要求平台提供最低限度的劳动保障。
- 印度的技能认证平台：政府与 Coursera、LinkedIn 合作，为远程工作者提供带有官方背书的技能证书。
- 欧洲的数字工会：部分国家鼓励自由职业者在平台内组建虚拟工会，与平台谈判分成比例和劳动保护。

这种模式既发挥了平台的灵活性，又借助了政府的公信力，为跨境劳务提供了双重保障。

4. 多边数字劳务协定雏形

在国际层面，一些区域组织已经开始探索 跨境数字劳务的协定：

- 欧盟数字单一市场计划：尝试统一欧盟内部的数字劳动规则，让成员国公民可以自由参与跨境数字工作。
- 非洲大陆自由贸易区（AfCFTA）：讨论建立跨境数字平台，促进非洲青年在本地接单，服务全球。
- 亚太数字伙伴计划：包括新加坡、澳大利亚在内的国家，推动跨境数据与数字劳务自由流动。

这些尝试虽然还不完善，但已经显现出未来全球劳务治理的雏形。

～

◆ **挑战与风险**

1. 数字鸿沟的持续存在

虽然数字工具降低了跨境劳务的门槛，但全球范围内的数字鸿沟依然明显。

- 基础设施不足：非洲、南亚部分地区仍缺乏稳定的网络和电力供应。
- 技能差距：高学历群体能快速掌握 AI 和区块链工具，而低技能劳动者可能被排除在外。
- 语言壁垒：尽管 AI 翻译快速进步，但文化差异与专业语言仍可能造成障碍。

这种鸿沟可能加剧全球不平等，使"数字出海"变成少数群体的特权。

2. 平台治理的难题

跨境自由职业平台和电商平台承担着越来越多的公共职能，但它们本质上是商业公司。

- 算法推荐缺乏透明度，容易导致不公平竞争；
- 平台抽成过高，侵蚀了劳动者的收益；
- 内容审查和账号封禁常常缺乏申诉渠道。

如果缺乏外部监督，平台可能沦为"数字殖民地"，劳动者仍难以获得真正的自主权。

3. 合规与监管的滞后

- 税收博弈：各国在跨境数字收入的征税问题上分歧严重，导致制度混乱。
- 社保空白：远程劳动者缺乏跨境社保体系支撑。
- 法律真空：跨境劳动合同的法律效力和争议解决仍存在巨大灰色地带。

制度的滞后可能让数字出海的繁荣难以持续。

◆ **未来展望：制度与工具的共生**

1. 工具与制度的融合

未来的趋势是数字工具与制度设计深度融合。

- 区块链身份系统将嵌入税收与社保流程，实现自动合规；
- 平台代缴机制将成为普遍做法，确保个体不被排除在保障之外；
- 全球多边协定将逐步统一规则，推动跨境数字劳务合法化、透明化。

2. 平台的公共化转型

部分平台可能逐渐转型为"准公共基础设施"。

- 政府与平台合作，共同制定劳动保护标准；
- 平台收益的一部分返还给劳动者社群，形成红利共享机制；
- 去中心化平台（如 DAO 自治组织）将挑战传统平台模式，推动劳动者获得更多话语权。

3. 全民出海的可持续路径

当数字工具普及、制度创新配套，跨境劳务将真正走向"全民出海"：

- 个体 可以自由参与全球市场；
- 企业 可以更高效地配置全球人才；
- 社会 可以通过新的分配机制降低不平等。

这将开启一个更加开放、公平和包容的全球劳动新时代。

◆ 结语

数字工具与制度创新，是跨境劳务新时代的"双轮驱动"。工具让个体有能力参与，制度让这种参与可持续、可扩展。

未来，随着技术演进与制度完善，超级个体将不再是少数人的尝试，而是多数人的常态。跨境劳务不再是艰难的迁徙，而是轻盈的数字航行。

未来展望：双GDP时代

～

◆ 什么是"双GDP"？

在讨论全民出海的未来时，一个极具战略意义的概念逐渐浮出水面：双GDP时代。

所谓"双GDP"，并不是单纯追求国内生产总值（GDP）的增长，而是指国家同时拥有两个经济体量级的增长引擎：

1. 本土 GDP：依靠国内产业、消费和投资形成的传统经济总量；
2. 海外 GDP：通过超级个体、跨境劳务、数字平台与全球市场互动，创造的"数字海外经济体量"。

这两部分共同作用，构成了未来的"双 GDP 结构"。这意味着，有的国家不仅是"世界工厂"，还是全球人才和数字服务的供给国。

～

◆ 双GDP概念的提出背景

1. 经济的内外双循环

双循环：以内循环为主体，内外循环相互促进。

- 内循环：强调国内产业升级和消费扩大。
- 外循环：强调在全球市场中维持竞争力。

"双GDP"概念正是这一战略的延伸，它强调不仅要在国内创造价值，还要通过数字化出海在国际市场中创造"第二份 GDP"。

2. 数字化与全球化的叠加

AI、大数据、跨境电商和远程协作，让个体和企业可以更加自由地进入全球市场。

- 电商卖家通过亚马逊和速卖通，把商品卖到欧美；
- 数字创作者通过 TikTok 和 YouTube，把内容传播到全球；
- 自由职业者通过 Upwork 和 Fiverr，为全球客户提供服务。

这种趋势让"海外 GDP"不再只是依靠国企和跨国公司，而是 亿万普通个体共同创造。

3. 中国人口与人才的红利

中国拥有全球最大的人口规模和技能储备。

- 每年数百万高校毕业生，构成了庞大的知识型劳动力大军；
- 数以亿计的网民，为电商、内容与数字服务提供源源不断的供给；
- 高度普及的移动支付和数字基础设施，使个体能够更快地接入全球经济。

这些条件为"双GDP"时代的到来提供了坚实基础。

∼

◆ "双GDP中国"的形成机制

"双GDP"不是简单的统计叠加，而是国内经济体量与海外数字经济体量的互动与耦合。要理解这一机制，可以从三个层面来看：

1. 本土 GDP：产业升级与内需扩张

本土 GDP 是经济的根基。

- 产业升级：在制造业、能源、交通等领域，中国正在从"世界工厂"迈向"全球产业链高端"。新能源汽车、光伏、人工智能等产业，已经成为全球竞争的重要支点。

- 内需扩张：14亿人口构成了全球最大的消费市场，数字支付、外卖、直播电商等新业态，推动了内需的快速增长。
- 区域协调：粤港澳大湾区、长三角、京津冀等城市群成为新的增长极，形成辐射全球的经济带。

这一部分的经济量体，是"双GDP"的第一引擎，确保中国在全球市场中的稳定性和韧性。

2. 海外GDP：数字出海的"第二经济体"

海外GDP并不是指传统意义上的对外出口，而是通过 数字化与个体化出海 形成的全球经济体量。

- 跨境电商：中国卖家通过亚马逊、速卖通、Temu 等平台，把产品卖到世界各地，形成了"线上丝绸之路"。
- 自由职业与远程服务：数以百万计的中国程序员、设计师、翻译和教育工作者，通过 Upwork、Fiverr、Preply 等平台，为全球客户服务。
- 内容与文化输出：抖音（TikTok）、B站、游戏产业等，推动中国的文化产品进入全球市场，形成"数字文化GDP"。
- 区块链与金融科技：中国的创业者和工程师在 Web3、元宇宙和金融科技领域，正在参与新一轮的全球经济实验。

这些海外创造的价值，虽然未必直接统计进本国GDP，但从国民财富与国际影响力的角度看，构成了"第二份GDP"。

3. 本土与海外的互动：双循环的升级版

"双GDP"的独特之处，在于 本土经济与海外经济并非平行，而是相互促进。

- 产业与市场的互动：国内的产业升级为海外输出提供竞争力；海外市场的需求反过来推动国内产业持续优化。
- 人才与资本的互动：本土教育体系培养的人才走向海外市场获取经验和资本，最终可能回流国内创业；而海外市场的资本和需求，也不断吸引国内企业创新。

- 文化与技术的互动：中国的互联网模式（如移动支付、短视频）在全球传播，形成新的文化认同；与此同时，海外的前沿技术和理念，也不断被引入中国市场。

这种互动使"双GDP"不仅是数量的叠加，更是质的跃迁：它让中国从"单一经济体"变成"复合经济体"，同时在国内和全球两个舞台上创造价值。

～

◆ "双GDP"对个体的意义

1. 超级个体的历史性机会

在"双GDP"格局下，个体不再局限于国内市场，而是天然面向全球。

- 自由职业者：通过跨境平台接单，收入来源多元化，不再依赖单一雇主。
- 创业者：借助跨境电商、全球内容平台，能快速把产品推向国际市场。
- 创作者：通过 TikTok、YouTube、Patreon 等平台，把个人品牌和文化影响力扩散至全球。

这意味着，个体既能在国内经济中找到机会，又能在海外数字经济中参与创造，形成"双重身份"：既是国内的劳动者，也是全球的"数字公民"。

2. 收入结构的双轨制

个体的收入来源将呈现"双轨制"：

- 一部分来自国内产业、就业和消费；
- 另一部分来自全球客户、粉丝或用户。

这种双轨制让个体在经济波动中拥有更强的抗风险能力。例如，一名程序员可能在国内受雇于一家科技公司，同时在 Upwork 上接海外项目，从而获得"双重收入"。

~

◆ "双GDP"对企业的意义

1. 人才配置的全球化

企业在"双GDP"格局下，可以更灵活地使用人才：

- 国内企业可以直接雇佣海外自由职业者，补充研发、设计和市场推广短板；
- 海外企业也会更多依赖中国的远程人才，以更低成本获得高质量的服务。

这种模式下，企业的组织边界被重新定义：不再是固定员工的集合，而是全球人才网络的整合者。

2. 市场拓展的双重引擎

"双GDP"意味着企业同时面对两个市场：

- 本土市场：以国内消费和产业升级为支撑；
- 海外市场：通过电商、内容和服务，把中国的产品与文化输出到全球。

企业不必再把目光局限于出口贸易，而是通过数字化手段直接与全球用户连接，形成"双市场驱动"。

3. 创新模式的多元化

在"双GDP"格局下，企业的创新模式将更加多元：

- 国内研发＋海外测试：在本土进行研发，再通过海外市场快速验证；
- 海外创意＋国内生产：借助全球创意人才，同时利用国内制造优势；
- 平台协作＋去中心化：通过跨境平台与去中心化组织，快速整合全球资源。

这种多元化创新，使企业既能保持国内的稳健发展，又能借助海外市场探索新的增长点。

～

◆ "双GDP"对国家的意义

1. 新的增长逻辑

"双GDP"让中国在传统统计意义上的 GDP 之外，又多了一层 海外数字经济的增量。这不仅意味着规模扩大，更意味着经济增长逻辑的变化。

- 传统增长：依靠投资、出口和消费三驾马车。
- 新型增长：由个体出海、数字平台和全球市场互动带来的"第二经济体"。

这使中国能够在全球竞争中保持更强的韧性和弹性。

2. 就业与社会稳定

通过数字出海，中国能够创造出大量新的就业机会。

- 不仅是一线城市的高技能人才，中西部地区的青年、家庭妇女甚至退休人员，都可以通过远程协作和跨境服务参与全球经济。
- 这将成为社会稳定的重要缓冲，避免因产业转移或本地就业压力带来的动荡。

3. 文化软实力的提升

当数以千万计的个体通过内容、产品和服务进入全球市场，中国的文化和价值观也随之扩散。

- 从短视频到网文、游戏、音乐，数字文化成为软实力的重要出口。
- 这种"去中心化的文化输出"比国家层面的宣传更有渗透力，更容易被全球用户接受。

~

◆ "双GDP"对全球格局的意义

I. 全球劳动力市场的再平衡

"双GDP"意味着中国将成为全球最大的数字劳动力供给国之一。

- 这会加剧全球劳动力市场的竞争，迫使其他国家重新思考教育、产业和就业结构。
- 同时，中国的参与也可能推动全球制定新的跨境劳动规则。

2. 全球产业链的重组

当越来越多的中国个体和小团队通过数字方式参与全球经济，传统的"跨国公司主导的全球化"将被"个体驱动的去中心化全球化"部分取代。

- 跨境电商、自由职业和数字文化产业，正在形成新的全球产业链格局。
- 这种格局更加分散，更具韧性，但也带来监管与治理的挑战。

3. 大国竞争的新维度

"双GDP"不仅仅是经济现象，也是地缘政治的一个新维度。

- 美国长期主导全球数字经济平台，而中国在"双GDP"时代可能凭借庞大个体群体形成对冲力量。
- 欧洲、日本和新兴市场国家，也会在这一格局下寻找新的定位。

这种竞争不再只是企业之间的博弈，而是 个体+平台+国家 三者合力的系统竞争。

~

◆ 未来展望：双GDP中国的前景

1. 从数量到质量的跃迁

"双GDP"并不是简单的经济体量增加，而是质量与结构的全面升级。

- 数量层面：国内 GDP 与海外 GDP 并行发展，使中国在全球经济总量中的占比持续提升。
- 质量层面：国内经济强调产业升级与科技创新，海外经济强调个体创造与数字服务，两者相辅相成。

这种"双轮驱动"有望让中国避免"中等收入陷阱"，走向更具韧性与可持续性的未来。

2. 全球影响力的扩张

"双GDP"将显著提升中国在全球经济治理中的话语权。

- 在贸易领域，中国不再只是出口国，而是 数字劳务与文化输出国。
- 在技术领域，中国通过 AI、区块链和平台经济，为全球提供新的模式选择。
- 在制度领域，中国有机会参与并引领全球数字劳动与跨境治理的新规则。

这意味着，未来中国的全球影响力将不再仅仅依赖资本与制造，而是依赖 个体与数字化的力量。

3. 全民出海与共同富裕的结合

"双GDP"不仅是国家战略，也是个体命运的转折。

- 全民出海让更多普通人获得全球收入来源，缩小城乡差距与地区差距。
- 如果制度设计合理，海外创造的财富可以通过税收与再分配，反哺国内教育、医疗和养老，实现共同富裕。

这使"双GDP"成为推动中国社会公平与繁荣的重要引擎。

~

◆ 驶向"双GDP"的新时代

从移民潮到外包潮，从工厂出海到数字出海，人类劳动力跨境流动的形式不断演变。今天，中国正站在第四次浪潮的前沿：AI 驱动的全民出海。

"双GDP中国时代"是这一趋势的战略表达。它不仅意味着经济总量的增加，更意味着 中国将同时拥有"国内+海外"的双重经济体量：

- 在国内，超级个体与企业共同推动产业升级与消费扩张；
- 在海外，亿万个体通过数字平台、自由职业和文化创作参与全球经济。

这是一场历史性跃迁：个体与国家的命运更加紧密地连接在一起，中国不再只是一个经济体，而是一个 跨越国界的超级经济网络。

未来，当"双GDP"成为现实，中国将真正进入一个 内外双引擎驱动、个体与国家共荣、数字与实体融合 的新时代。这不仅是中国的机遇，也是全球化进程的新篇章。

4

第四章 草根的出海路径

"求知若饥，虚心若愚。"

— 史蒂夫·乔布斯（STEVE JOBS）

普通人真的也能"出海"吗？曾几何时，全球舞台上只有巨头企业才能纵横商海。如今，在互联网与 AI 时代的助力下，一部笔记本、一部智能手机便能成为打通世界的通行证。无数来自二三线城市的普通白领、自由职业者和创业者正在用技能、工具和连接书写新的"海外传奇"。就像文艺复兴时期的小作坊也能创造伟大品牌一样，如今每个人都可能成为"小而美"的微型帝国：正如有专家所言，"AI 是微型企业家的终极平等器，让小型高效团队蜕变为强大的微型帝国"。在这场人人都可以出海的新风潮里，不需要巨额资金，只要持续学习和实干，就能将创意和服务输送到世界各地。

草根出海的定义与历史突破

草根出海，顾名思义，就是指普通人在数字经济时代借助网络和 AI 等工具，将自己打造成"全球公民"，在国际市场上追寻机遇。与传统"出海"模式（依赖企业资本、大规模生产和实体贸易）不同，草根出海强调"小成本、高效率、技能驱动"。20 年前，一个外贸订单需要成千上万的资金和复杂流程；而现在，只要在网上挂个小店，一个设计师在家就能承接全球订单，以个体身份完成出口。近年来自由职业和远程工作的兴起就是最直观的体现：例如美国自由职业者数量从 2014 年的 370 万激增至 2019 年的 5700 万，预计 2027 年将达 8650 万；全球已有约 15.7 亿人以自由职业或兼职方式在工作，占全球劳动力近 47%。互联网、移动支付和社交网络等技术突破，让小本生意也能出海：过去出口要靠重金铺路，现在只需用好平台链接世界。例如，一位葡萄牙创业者仅用一台笔记本就借助 AI 开发艺术品电商 App，三个月内营收就达 30 万美元。这些历史性的变革告诉我们：个人出海时代已经到来。

- 历史突破：从宽带互联网到移动支付，再到 AI，每一次技术进步都极大加速了草根出海的步伐。电子商务平台（如阿里巴巴国际站、亚马逊等）让小商户能面向全球摆摊；自由职业平台（如 Upwork、Fiverr）把世界各地的需求与个体技能链接；社交媒体和自媒体工具，则让普通人以零成本输出内容。尤其是近年 AI 的爆发性应用，为个人提供了"超级助理"。举例来说，欧洲的不少年轻团队借助 AI 自动化运营，仅靠小规模采购就能赚取巨额利润——如意大利的 Bending Spoons 用数人团队收购并运营多人应用，只用 AI 提高效率就跻身独角兽行列。这些突破让出海的门槛空前降低，渠道前所未有地多样：大船不再专属大公司，快艇小舟也能驰骋天下。

可行的路径模型

草根出海的路径多种多样，主要可以归纳为几类典型模式：

- 自由职业平台：利用 Upwork、Fiverr 等国际平台对接全球项目。一名程序员、翻译或设计师在家中就能接外单，与世界各地雇主合作。据统计，目前约28%的知识型工作者以自由职业者身份工作，2024年全球自由职业市场创造了约1.5万亿美元的收入。这些平台岗位种类丰富，从写作、翻译、设计到编程、数据分析应有尽有，只要你的技能足够专业，都能参与竞争并获得报酬。

- 跨境电商平台：通过 Shopify、亚马逊等平台卖货。个人和小商家可以把家乡的手工艺品、自己制作的产品或优质货源销售到全球各地。以 Shopify 为例，它目前服务了超过175万个商户，覆盖175个国家，其中许多都是独立卖家。这意味着只要一部电脑就能开网店，直接面对欧美、东南亚等市场，而不用传统渠道那样依赖批发商或中间商。

- 内容创作平台：利用 YouTube、TikTok（抖音海外版）等平台输出内容。只要你的内容足够优质，无论是教学视频、直播、播客还是短片，都有机会吸引全球粉丝。平台本身拥有庞大流量：据预计到2025年，YouTube 全球用户将达到28.5亿。这些巨量用户意味着视频或文章内容一旦火起来，就有可能全球传播，通过广告分成、粉丝打赏和内容付费等方式变现。

- 远程兼职与雇佣：越来越多跨国企业和创业公司开始招聘全球人才。很多技术、设计、教育等岗位都可以远程完成。数据显示，自由职业者中有60%的人从事远程工作，而同期传统全职职工只有32%是远程办公。比如中国的一名英语培训师可以在家通过网络教外籍学生；一位内蒙古的算法工程师为硅谷初创公司编写代码，同样是居家办公、收取外币。远程岗位的普及让地理边界变得模糊。

- AI+行业微创新：普通人借助 AI 在垂直领域做小而专的创新服务。例如使用 ChatGPT 提供智能对话客服、用 AI 生成插画卖给国际客户、或利用自动化工具优化小型供应链。美国 Notion 团队便是典型：他们最初只有几个人，用 AI 算法优化协作软件，仅靠精简团队就打造出百亿美元估值的生产力工具。AI 被称为"终极平等器"，让个体可以在过去只有大企业能做的领域内创新。

关键技能组合

草根出海不仅需要胆识和勤奋，更需要综合能力的组合：

- 语言技能：掌握英语是基础，同时懂其他主要语言更有优势。英语目前是国际交流的主流，到2025年全球约有15亿人掌握英语，接近全球人口五分之一。良好的英语（或其他目标市场语言）能力，能让你直接跟全球客户沟通、阅读资料和学习资源、撰写营销文案，从而大幅拓宽商机。语言是连接世界的桥梁，流利的表达能力会让你赢得客户信任。

- AI 与工具使用：会使用各种 AI 工具和自动化平台已成标配。像 ChatGPT、Midjourney、Copilot 这样的生成式 AI 可以帮你写文案、翻译文档、编写代码或生成创意素材；数据分析工具可以帮助你发现市场趋势。ChatGPT 在发布两个月后月活就超过1亿，说明这类工具被全球迅速普及。熟练使用它们能成倍提升个人效率，把过去需要数小时的工作压缩到几分钟完成，让你在竞争中占得先机。

- 数字营销与推广：懂简单的市场推广和品牌打造有助于脱颖而出。学会使用搜索引擎优化（SEO）、社交媒体运营、内容营销和广告投放等手段，可以精准触达目标客户。例如，你可以撰写专业博客、制作短视频来展示能力，运用 Facebook/Instagram 广告吸引流量；善用 LinkedIn 等职场社交平台建立职业形象。这些都能在无形中扩大影响，让更多国外客户发现你的服务。

- 产品/项目管理能力：作为"草根 CEO"，要会打磨产品或服务。了解客户需求、规划项目流程、持续迭代优化等，都是不可或缺的技能。可以采用敏捷开发思路：先推出最小可行产品（MVP），根据客户反馈快速调整。利用线上协作工具（如 Notion、Trello），及时跟踪进度、协调任务。一个人的团队虽然规模小，但只要管理得当，同样能保证服务质量和交付效率。

- 金融与支付知识：处理跨境业务时要熟悉国际支付和资金管理。学会使用 PayPal、Wise（原 TransferWise）、Stripe 等工具，了解不同货币的汇率和手续费规则很重要。要注意汇率风险：美元、欧元等主要货币的波动可能影响你的收入。建议与客户协商使用稳定货币结算，或采用多币种账户分散风险，并定期结汇锁定收益。同时要了解基本的税务和合规知识，如接单时是否需缴纳营业税、如何处理国际合同条款等，避免后顾之忧。

实用平台与案例

多个实用平台和案例为草根出海提供了切实支持：

- 自由职业平台（Upwork、Fiverr 等）：在这些平台上，个人技能被包装成可交易的服务包，用户可依据经验和口碑自行定价。全球数百万企业和个体用户在此发布需求，每年产生数十亿美元交易额。例如 Upwork 报告显示，2024年全球自由职业市场交易额已经达到约1.5万亿美元。如果你是程序员、美工、文案高手或营销顾问，只需在平台上挂单，就能与世界各地的买家建立联系。

- 跨境电商与店铺（Shopify、Amazon 等）：Shopify 等电商平台让个体卖家能快速搭建国际网店。据统计，Shopify 全球商户已超过175万家。另一边，亚马逊的全球物流和流量优势也被许多小卖家利用。比如一位浙江手工艺人通过 Amazon 向美国客户售卖茶具，一家成都创客用 Shopify 将串珠饰品销往欧洲用户。这些平台提供了全球曝光渠道和支付物流支持，让草根卖家无缝连接国际市场。

- 内容创作与直播（YouTube、TikTok/抖音等）：内容输出已不再局限国内平台，优秀创作者可以直接面向全球观众。YouTube 上有各类语言频道，包括华语频道吸引海外华人、甚至外语频道对话中国观众。一个中国 Vlogger 在 YouTube 分享中国文化，每天吸引数万外国粉丝；一位美妆博主在 TikTok 直播化妆技巧，海外用户打赏购买中国品牌化妆品。这些平台不仅提供流量，也带来变现机会（广告分成、赞助、知识付费等）。

- 远程协作与 HR 工具（Notion、Slasify 等）：为全球分布的团队提供支持的新工具层出不穷。Notion 是一款在线文档和协作工具，可以帮助你与国外客户或团队共同编辑资料；Slasify 则专注于全球支付和薪资管理，使跨国合作的薪酬发放和税务合规变得简便。借助这些工具，小团队就能像大公司一样运作。事实证明，即使仅靠在线协作，一个小团队也能发展壮大：Notion 创始团队在早期几乎零融资的情况下，用在线协作工具和 AI 功能创造了全球数百万付费用户，最终成为估值数百亿美元的大公司。

- AI 生产力工具（ChatGPT 等）：ChatGPT 之类的智能创作工具为个人创作带来了"超级助力"。它可以即时生成文章、广告文案、代码框架或头脑风暴方案。想象一下，一名独立开发者可以用 ChatGPT 辅助生成需求文档、用 AI 绘图工具设计界面，再用 Notion 整理项目管理，这些工具让个人效率成倍提升。ChatGPT 在推出两个月内就拥有1亿多用户，意味着每个人都可以轻松获得一个强大助理。实战中，善用这些工具能让草根创业者在能力上迅速弯道超车。

草根出海实战地图

将想法付诸行动需要有条不紊的实战步骤，以下是一个从定位到规模化的示例路线图：

- 目标定位：首先明确你的领域和目标市场。自问：我拥有哪些技能？哪些国家或地区对这些技能有需求？例如，你擅长英语写作，就可以锁定英语市场；懂数码绘图就可以面向欧美设计领域。定位后，着手收集市场信息，确定主攻方向。

- 技能提升与准备：评估自身短板并持续学习。无论是强化外语、掌握新技术，还是研究平台规则，都需要提前准备。同时，建立作品集或案例库：可以在个人网站、GitHub、视频频道或博客上展示之前的项目和成果，让客户快速了解你的实力。

- 试水接单：在目标平台上注册账号，开始承接小项目。初期可设置合理的低价或参加平台推广活动以积累好评。在撰写自我介绍和提案时，突出专业经验和服务态度，用简洁有力的语言打动客户。前几单即使规模不大，也务必保证高质量交付，这样好评和口碑就会很快积累起来。

- 稳定扩展：随着订单数量增多和信誉度提升，可以适当提高报价，并筛选优质客户。建立稳定的收入来源：如与固定客户签订长期合同，或持续优化热销商品以维持被动销售。同时，可开拓多种收入渠道：在服务的同时发布行业指南或教程，一部分流量转为内容付费或广告收入，增加业务韧性。

- 品牌建设与拓展：收入稳定后，开始打造个人或团队品牌。确定一个专业的品牌名，设计 Logo、名片和网站，统一视觉形象。持续输出优质内容（如中英文博客、行业报告）来证明专业度。多参与全球性的行业社群、论坛或线上活动，扩大人脉圈。还可以考虑跨界营销：例如在 LinkedIn 上分享成功案例，在国际展会做宣讲，打造"草根出海达人"形象，逐渐从执行者转为行业意见领袖。

潜在陷阱与破局建议

草根出海并非坦途，也存在一些常见挑战：

- 同质化竞争：当越来越多人涌入同一领域，竞争会非常激烈。比如许多平面设计师都在 Fiverr 上抢 logo 设计单，往往陷入价格战。破解之道是差异化定位：深耕细分市场，突出个人特色。你可以开发某种独特风格、掌握小众工具，或者在服务中加入额外价值（如免费咨询或打包推广）。只有让客户觉得你的服务与众不同，才能摆脱红海竞争。

- 获客渠道问题：被动等待平台订单难以快速扩张。个人需要主动出击，建立多元获客渠道。比如运营个人网站或社交媒体，发布专业内容吸引粉丝；使用 SEO 技巧让客户搜索时找到你；参加线上行业交流或网络研讨会扩大知名度。当一个渠道失灵时，可以灵活切换：同时尝试国外社交平台、线上论坛、推荐和合伙人制度等。

- 汇率与支付风险：跨国交易的收益会受汇率波动影响。如果收入货币贬值，就会损失部分收入。建议与客户协商使用稳定货币（美元、欧元）结算，或者使用多币种账户分摊风险。可以利用 PayPal、Wise 等工具进行结汇，也可考虑与专业人士咨询简单的对冲方法。此外，要关注国际收款手续费和税务法规：不同国家可能对收入申报有要求，了解后能避免不必要的麻烦。

- 心理韧性和自律：自由工作听着很诱人，但也容易陷入迷茫和拖延。没有固定同事督促，长时间独自工作压力大。建议建立规律的作息和工作计划，每天设定明确目标。加入同行社群或找志同道合的伙伴互相激励，保持正面心态。遇到困难时可以回顾行业成功案例，提醒自己站在潮头上。良好的自律和持久的动力，往往是草根能走多远的关键。

未来展望：数字公民的崛起

展望未来，普通人的全球身份将更加普遍。数字技术的进步让"国界"变得模糊：今天的工作者可以居家远程为远在他乡的企业卖力，就如同时在线云端世界里做生意。全球已有数十个国家推出了"数字游民签证"，鼓励远程工作者来本地生活，可见各国政府已经意识到这一趋势。未来的数字公民概念将更加成形：他们的身份不再仅由一个护照定义，而是通过技能和网络构建全球影响力。可以想象，一个人在北京用代码为硅谷公司开发产品，同时在马来西亚海边享受低生活成本；或者在家中通过视频教学为非洲学生上课，与世界各地保持紧密联系。

未来十年，这样的场景只会越来越多。普通人的技能和时间将成为最宝贵的"货币"，而"护照"则是掌中的设备和账号。那些率先适应这股浪潮的人，将成为新天域的弄潮儿。回顾历史：工业时代造就了全球工人阶级，信息和 AI 时代则将催生数字公民群体。他们接受多文化洗礼、拥有全球化思维，通过互联网连接世界。只要拥抱变化，持续提升自己，每个普通人都能在这个新世界中打造属于自己的精彩未来。

5

第五章 全球数字公民——AI时代的个体身份重塑

"身份就是新的货币。"

——纳瓦尔·拉维坎特（NAVAL RAVIKANT）

数字疆界的消融

想象一个场景：清晨，李明在北京醒来，用全球通用的去中心化身份（DID）登录云端工作站，与纽约的客户召开虚拟会议；下午，他用同一个身份在孟买的开源社区在线发布自己的技能证书，赢得全球认可。此刻的李明，既不是中国的"局部"公民，也超越了美国工作的"雇员"身份，他是真正意义上的全球数字公民。这个时代，传统国界的意义正在淡化，技术构筑的新天域正在到来。

技术巨头和咨询机构纷纷预见这一未来。知名报告指出，未来可能出现"一个唯一标识符，使你能够以全球数字公民身份运作"，而且这个标识符"可能基于区块链"。言下之意，我们的身份认证终将去中心化：不再只属于某个国家的护照号码，而是一串加密签名、一把数字密钥，它揭示的是"谁可以获得什么服务、在哪个网络拥有多少权利"。正如区块链观察家所言，"DID就像Web3时代的身份证，其目标就是让人们把在线身份'变成你拥有的资产'"。一张数字身份证串联起全球云端的每一次点击和协作，我们正在跨入一个"全民出海"的新时代。

全球数字公民的诞生背景：技术、平台与身份认同

～

◆ 从"国籍"到"数字身份"

在过去的几百年里，人类的身份认同主要依托于国家和民族。护照、户籍、国籍是人与社会、人与世界的最重要连接。但进入21世纪，尤其是AI时代，越来越多的个体发现，他们的身份已不再只由出生地决定，而是由他们在数字空间的存在与行为所塑造。

"全球数字公民"（Global Digital Citizen）应运而生。这一概念的核心是：人类的身份、权利和义务，正在从物理空间的国籍扩展到数字空间的多维身份。

～

◆ 技术基础：AI 与区块链重塑身份

1. 人工智能：身份的识别与扩展

AI 已经成为个体身份的"放大器"：

- 通过 AI 识别，一个人的行为、偏好、表达被快速建模，形成独特的数字画像。

- AI 助手（如 ChatGPT、Claude）甚至能延伸个体的认知与表达，成为其"数字分身"。

这意味着，身份不再是静态的身份证号码，而是 动态演化的行为集合。

2. 区块链：身份的确权与自主

去中心化身份（DID）技术，让个体可以生成、管理并携带自己的数字身份。

- DID 不依赖任何政府或公司，而是由个体自主管理；

- 学历、技能、信誉都可以上链，形成可验证的凭证；

- 通过选择性披露，个体既能证明身份，又能保护隐私。

这为"全球数字公民"的诞生提供了可信的制度基础。

◆ 平台驱动：新型"数字城邦"

如果说技术是"工具"，那么平台就是"土壤"。

- 内容平台（YouTube、TikTok）让个体通过内容与全球社会连接；

- 电商平台（亚马逊、Shopify）让个体通过交易融入全球经济；

- 协作平台（Upwork、GitHub）让个体通过劳动参与全球生产。

这些平台构成了一个个"数字城邦"，个体的归属感、声誉与影响力逐渐与国家身份并列，甚至在某些情境下更为重要。

~

◆ 身份认同的演变：从国籍到数字社群

1. 国家公民身份的局限

传统上，身份认同与国籍紧密绑定。护照、身份证、户籍制度把个体与国家牢牢连接起来。

- 国籍决定了一个人的权利与义务，例如选举权、纳税义务、服兵役。

- 国家也为个体提供保障，例如社保、医疗、教育与法律保护。

然而，在全球化与数字化的背景下，这种"地域化身份"暴露出越来越多的局限：

- 不平等：不同护照的"含金量"差距巨大，一个发达国家的护照能免签百余国，而一个发展中国家的护照可能处处受限。

- 滞后性：国籍与地域绑定，使个体在跨境流动、远程工作时遇到重重壁垒。

- 单一性：国籍是唯一的、不可轻易改变的，而个体在数字世界往往同时拥有多重身份。

2. 平台身份的兴起

随着互联网平台的崛起，个体的身份认同开始从"国籍"延伸到"平台"。

- 在 Facebook、Twitter 上，用户的社交身份往往比现实身份更有影响力。

- 在 GitHub、Stack Overflow 上，开发者的技术身份决定了他们的职业声誉。

- 在 YouTube、TikTok 上，创作者的粉丝数与互动数据成为其"社会地位"的体现。

这种身份不是由政府赋予的，而是由 平台算法与社群共识 共同塑造的。

3. 数字社群的凝聚力

与传统国籍不同，数字社群的认同更加多元化、跨国界。

- 兴趣驱动：人们因为共同的兴趣（如开源软件、动漫、游戏）而聚集。

- 价值驱动：人们因为共同的理念（如环保、女权、去中心化）而形成社群。

- 经济驱动：DAO、NFT 社群中的个体，因共同的经济利益而连接。

在这些数字社群中，成员常常对社群的认同感，甚至超越对国家的认同感。

4. 从"单一身份"到"多重身份"

在数字空间，个体可以同时拥有多个身份：

- 白天是跨境电商卖家，晚上是区块链 DAO 成员；

- 在 LinkedIn 上是职业经理人，在 YouTube 上是视频博主；

- 在现实生活中属于某一国籍，在虚拟世界中却是"全球公民"。

这种多重身份，正在取代传统的单一国籍身份，成为 AI 时代个体身份认同的真实写照。

～

◆ 全球数字公民的现实案例与趋势

1. 爱沙尼亚的电子居民（e-Residency）

爱沙尼亚是全球最早探索"数字公民"的国家。

- **数字身份**：任何外国人都可以申请 e-Residency，获得合法的数字身份。

- **远程创业**：申请人可以通过这一身份注册欧盟公司，远程开设银行账户和报税。

- **治理创新**：爱沙尼亚的这一尝试，打破了国籍与商业活动的绑定，赋予了"数字护照"的雏形。

这种制度为"全球数字公民"提供了先行范例，证明了数字身份的可行性。

2. DAO 治理者与区块链社群

在区块链世界，个体可以通过 去中心化自治组织（DAO） 成为治理成员：

- 他们无需国籍，只需持有代币，就能参与投票、提出提案、决定资金流向；

- DAO 的治理模式，体现了一种超越国家的"算法公民"身份；

- 例如 MakerDAO、Uniswap DAO 的成员，遍布世界各地，却通过智能合约共同管理上亿美元的资金池。

这类社群预示着，未来的数字公民不仅是身份的重塑，更是治理角色的重塑。

3. 数字游牧者的兴起

全球已有超过 4000 万人被称为数字游牧者。

- 他们通过笔记本和网络远程工作，可以在清迈、巴厘岛或里斯本生活，却为硅谷、伦敦或东京的公司服务。

- 数十个国家推出了"数字游牧签证"，承认这种跨境身份的合法性。

- 游牧者群体对国家边界的依赖正在减弱，而对数字身份和跨境支付的依赖在增强。

这意味着，越来越多的人正在用实际行动，践行"全球数字公民"的身份。

4. 平台公民的日常现实

- 在 YouTube 上，创作者的"金牌认证"常常比护照更能带来机会。

- 在 GitHub 上，开发者的贡献度和代码量，比现实的学历证书更受信任。

- 在 TikTok 上，创作者通过全球粉丝群体获得的影响力，远超他们在现实社会中的职位和地位。

这些事实表明，平台赋予的"数字身份"正在逐渐取代国家赋予的"传统身份"，成为影响个体命运的重要因素。

∼

◆ 趋势总结：全球数字公民的崛起

结合技术进步、平台演化和社会实践，可以看到几个趋势：

1. **身份多元化**：国籍、平台身份、链上身份将并存，个体拥有多重身份。

2. **身份全球化**：个体的价值越来越依赖其数字社群与全球声誉，而不是单一国家。

3. **身份治理化**：个体不仅是用户，更是治理者，在DAO、平台社区中参与规则制定。

这种趋势标志着：全球数字公民已从理论走向现实。

新身份的三层结构：技术身份、社交身份与治理身份

∼

◆ 数字身份的多维构造

全球数字公民并不是一个抽象的概念，而是由多层次、多维度的身份组合构成的。与传统社会的"单一国籍身份"不同，数字时代的个体在虚拟世界中同时扮演多个角色：

• 他们有 技术身份，由算法、数据与工具定义；

• 他们有 社交身份，由社群、互动与声誉构建；

• 他们有 治理身份，由参与规则制定与资源分配的能力体现。

这种三层结构，决定了个体如何在数字世界中被认知、被接纳、被赋权，也决定了他们如何影响未来的社会秩序。

～

◆ 技术身份：算法中的"数字分身"

1. 技术身份的定义

技术身份是个体在数字世界中最底层的身份，它由数据、设备和算法共同构成。换言之，技术身份是你在数字世界中的"身份证明"，也是你存在于平台和系统中的基础。

- 登录账户、密码、指纹、面部识别是最直观的技术身份；

- 浏览记录、消费行为、社交足迹构成了更深层的技术画像；

- AI 通过对这些数据的分析，生成你的数字分身。

2. 技术身份的价值

技术身份是所有其他身份的根基。

- 信任：没有可验证的技术身份，个体难以在平台中获得交易资格。

- 效率：通过技术身份，用户可以快速完成支付、签署合同、跨境结算。

- 个性化：平台依赖技术身份的画像，为用户提供个性化推荐与服务。

换句话说，技术身份不仅是"证明你是谁"，更是"塑造你是谁"。

3. AI 与数字孪生

随着 AI 的发展，技术身份正在进化为数字孪生（Digital Twin）：

- 数字孪生是你的数据化映射，它可以预测你的行为，甚至在你不在场时替你做决定；

- 在工作中，AI 助手可以代替你撰写报告、回复邮件，形成你的"工作分身"；

- 在生活中，AI 可以替你管理日程、推荐内容，甚至代替你社交。

这种数字孪生让个体拥有了"多线程存在"的能力，但也引发了新的隐忧：谁真正拥有你的技术身份？是你本人，还是平台与算法？

～

◆ 社交身份：社群中的声誉与归属

I. 社交身份的定义

如果说技术身份回答的是"我是谁"，那么社交身份回答的则是"我属于谁"。

社交身份由关系网络、社群参与与声誉积累构成，它不再依赖国籍与户籍，而是依赖你在数字社群中的位置与影响力。

- 在社交平台（如 Twitter、TikTok）上，社交身份由粉丝数、互动量和话题影响力定义；

- 在职业平台（如 LinkedIn、GitHub）上，社交身份由职业经历、项目贡献和同行认可度决定；

- 在兴趣社群（如 Discord、Reddit、Bilibili）中，社交身份由参与度、发言权重与社区共识塑造。

这种身份不是外部赋予，而是 你在数字世界中不断互动、被他人认可的结果。

2. 社交身份的功能

社交身份在全球数字公民体系中具有三大功能：

- 信任：它是陌生人之间建立信任的桥梁。当雇主看到你在 GitHub 的开源贡献，或粉丝看到你在 YouTube 的作品时，他们更容易选择与你合作。

- 归属：它让个体在数字世界中找到群体的依托，获得心理层面的认同感。

- 影响力：社交身份带来影响力，而影响力又能转化为经济与社会资本。

正因如此，社交身份已经成为"数字护照"的另一种形式，它常常比现实身份证件更能决定一个人的机会。

3. 平台对社交身份的塑造

社交身份并不是自发生成的，而是与平台算法紧密相关。

- 算法推荐：决定了谁能被看见，谁会被淹没；

- 评价系统：点赞、评分、关注成为社交身份的核心指标；

- 社区规则：平台通过规则与审核，间接定义了社交身份的边界。

这种依赖性让社交身份既充满机会，又潜藏风险：你可能因一条视频爆红，成为全球瞩目的"数字公民"；也可能因一次违规被封号，瞬间失去积累多年的声誉。

4. 案例：社交身份的现实力量

- 开源社区开发者：一名中国工程师通过 GitHub 的持续贡献，获得国际同行的认可，最终被硅谷公司远程聘用。对他而言，GitHub 的贡献记录比他的简历更有价值。

- 短视频创作者：一名非洲青年通过 TikTok 展示舞蹈才艺，收获数百万粉丝，成为"平台明星"，其影响力远超现实社会中的身份地位。

- 数字游牧者：在 Nomad List（数字游牧社区）上，游牧者的声誉值决定了他们在社群中的话语权和合作机会，成为跨境身份的新凭证。

这些案例表明，社交身份已经成为全球数字公民的"社会资本"，它能突破国家边界，直接影响个体的命运。

5. 风险与挑战

社交身份的快速发展也带来了风险：

- 虚拟化与脆弱性：账号一旦被封禁，社交身份可能瞬间消失；

- 算法偏见：推荐机制可能造成歧视或不公平竞争；

- 表演化压力：个体为了维持社交身份，可能陷入"流量焦虑"。

这意味着，社交身份需要更健康的治理机制，避免其成为个体的枷锁。

～

◆ **治理身份：参与规则制定与资源分配**

1. 治理身份的定义

治理身份是全球数字公民身份的第三层，它超越了"我是谁"（技术身份）和"我属于谁"（社交身份），回答的是"我能决定什么"。

在数字社会中，治理身份体现了个体在规则制定、资源分配和社区方向上的参与权。它意味着，个体不仅是被管理的对象，更是治理体系的参与者和塑造者。

2. 平台治理的雏形

在平台经济中，治理身份已经初步显现：

- 内容审核参与：一些平台允许用户举报违规行为或投票决定社区准则；

- 评价体系：用户的评分与反馈，直接决定卖家、创作者的生存空间；

- 创作者联盟：部分平台出现"创作者委员会"，参与讨论收益分配比例与平台政策。

虽然这些参与形式仍有限，但它们表明，平台治理正在逐渐向用户开放。

3. DAO 与去中心化治理

区块链催生的去中心化自治组织（DAO），为治理身份提供了更彻底的实现方式：

- 代币投票：持有代币即可投票，决定资金分配、项目方向与协议更新；

- 智能合约：自动执行治理决策，减少人为操纵；

- 全球参与：成员来自世界各地，治理身份超越国籍和地域。

DAO 让治理身份真正落地：个体不仅是劳动者和消费者，更是制度的制定者和执行者。

4. 治理身份的功能

- 赋权：让个体拥有"话语权"，不再完全依赖平台或政府。

- 责任：参与治理也意味着承担相应的责任，例如维护社区公正。

- 共享：治理身份让个体能够分享社区发展的红利，如分红、投票激励。

这种身份的存在，让数字公民具备了完整的"三位一体"：既有存在的证明（技术），也有社群的归属（社交），更有治理的权力（治理）。

5. 挑战与风险

治理身份的发展也面临诸多挑战：

- 代币寡头化：在一些 DAO 中，少数大额持币者控制了多数投票权，导致治理不公。

- 参与度不足：大部分用户缺乏治理兴趣，导致"沉默多数"问题。

- 规则碎片化：不同平台和社群各自为政，难以形成统一标准。

治理身份的未来，需要解决这三大难题，才能真正让个体成为有影响力的全球数字公民。

～

◆ 三层身份的互动关系

1. 技术身份是基石

没有可验证的技术身份，个体无法进入数字社会。

- 它提供了存在的证明：登录、支付、认证都依赖它。

- 它也是数据的容器：所有的行为与记录，最终都沉淀在技术身份之上。

技术身份就像大厦的地基，稳固与否决定了整个结构的可靠性。

2. 社交身份是桥梁

技术身份保证了个体的"存在"，但如果缺乏社交身份，个体就无法建立关系网络。

- 社交身份将数据化的"你"转化为可被他人理解的"你"；

- 它把冷冰冰的技术标签，转化为温度、情感和影响力；

- 没有社交身份，数字公民只是一段代码，有了社交身份，才成为社会性的人。

3. 治理身份是顶点

治理身份赋予个体 参与塑造规则的权利。

- 它让个体不只是被动的消费者，而是主动的治理者；

- 它赋予个体与平台、与其他成员协商和博弈的能力；

- 没有治理身份，数字公民只是"用户"；有了治理身份，才成为"公民"。

◆ **三层身份的动态演化**

1. 从技术到社交

最初，个体进入数字世界时，只有技术身份，例如一个注册账号。随着互动增加，这个账号逐渐积累了社交关系与声誉，从而演化为社交身份。

2. 从社交到治理

当社交身份积累到一定程度，个体开始被赋予治理权力。

- 平台可能邀请意见领袖参与规则制定；

- DAO 可能赋予持币用户投票权；

- 社群可能让活跃贡献者担任管理员。

这标志着社交身份的"质变"，从被动的关系网络上升到治理层面的"权力身份"。

3. 三者的循环互动

三层身份并不是线性进化，而是循环强化：

- 技术身份提供信任 → 社交身份获得影响力 → 治理身份赋予权力；

- 治理身份反过来能推动更好的规则设计，改善技术和社交身份的生态环境。

这种循环互动，使数字公民的身份呈现出动态演化的特征。

❧

◆ **未来展望：走向多层融合的身份体系**

1. 技术身份的去中心化

未来，技术身份可能完全脱离平台和政府，由个体自主掌握。例如 DID（去中心化身份），让个人的身份数据只存储在自己掌控的钱包中，真正实现"我的身份我做主"。

2. 社交身份的跨平台互通

未来，个体的社交身份可能在不同平台之间互通，而不是被割裂。你的声誉、贡献和粉丝群体，可以在多个平台迁移，而不是被某一个平台"绑架"。

3. 治理身份的普及化

未来，治理身份可能不再是少数人的权利，而是所有数字公民的基本权利。每个人都可以参与投票、提出提案、监督规则，从而让数字社会更具民主性和透明性。

◆ 结语

全球数字公民的身份，不再是单一的"护照号码"，而是 技术身份、社交身份和治理身份 三层共同构成的立体结构。

- 技术身份保证存在；

- 社交身份带来归属与影响；

- 治理身份赋予权力与责任。

这种三层结构不仅定义了个体在数字世界中的位置，也决定了未来社会的走向。

数字公民的权利与义务

◆ 数字身份背后的责任与保障

当一个人被定义为"公民"，不仅意味着他拥有身份，还意味着他具备 权利与义务。在物理世界中，国家公民享有投票权、受教育权、财产权，同时承担纳税、守法、服兵役等义务。

在数字世界中，随着"全球数字公民"的出现，类似的问题不可避免地浮现：

- 数字公民应该拥有哪些 基本权利？

- 他们是否需要承担 对应的义务？

- 这些权利与义务由谁来制定和保障？是平台、DAO 社群，还是国际组织？

回答这些问题，实际上是在为未来的 数字社会契约奠定基础。

～

◆ **数字公民的基本权利**

1. 存在权：拥有数字身份的权利

每一个数字公民都应该有权利创建、管理并携带自己的数字身份。

- 这意味着，任何人都不应被剥夺进入数字空间的资格；

- 平台或政府不应随意封禁、删除个体身份；

- 身份应该是 个体自主的，而不是依赖单一机构的恩赐。

这类似于"人格权"的数字化版本，是一切数字权利的前提。

2. 数据主权：对个人数据的控制权

在 AI 驱动的时代，数据就是财富。数字公民应当拥有 对自身数据的使用与收益权：

- 使用权：决定哪些数据可以被收集和使用；

- 收益权：当数据被用于训练 AI 或商业活动时，个体应获得相应的收益分成；

- 删除权：个体有权要求彻底删除自己的数据痕迹。

这意味着，数字公民不再是被动的数据提供者，而是主动的数据所有者。

3. 言论与表达自由

数字公民应享有在数字空间中表达思想、创作内容、参与讨论的自由。

- 平台不能随意因立场不同而封禁用户；

- 社群治理应透明，避免"算法审查"压制少数声音；

- 个体在数字社群中的表达，应当受到与现实世界相当的尊重与保护。

◆ 数字公民的经济权利

1. 劳动权与收益权

数字公民有权在数字空间中从事劳动，并获得公平的报酬。

- 自由职业者通过平台接单，应该受到合约与支付的保障；

- 数字创作者应享有版权与收益分成；

- 平台应当保证结算透明、公平，不得随意克扣。

2. 财产权与数字资产

随着加密货币、NFT 和元宇宙的发展，数字公民越来越多地拥有数字资产。

- 这些资产应当受到法律保护，不能随意被平台冻结或没收；

- 数字财产应当能够继承与转让，成为个体财富的一部分；

- 国际法和国家法应逐步承认并规范数字资产的地位。

～

◆ 数字公民的基本义务

I. 合规义务：尊重法律与平台规则

在数字世界中，权利与义务始终相伴。

- 遵守法律：数字公民必须遵守本国与国际的法律规范。例如，反洗钱、知识产权保护、跨境支付合规。

- 遵守社区准则：不同平台都有自己的行为规则，数字公民在享受权利的同时，也必须尊重社群秩序。

- 防范滥用：不利用匿名性进行欺诈、恶意攻击或虚假信息传播。

数字社会虽然虚拟，但并非"法外之地"。合规义务是所有权利的前提。

2. 贡献义务：参与生产与价值创造

数字公民不仅是消费者和享受者，也是生产者和创造者。

- 知识与内容贡献：在开源社区、维基百科等平台，数字公民通过知识共享推动公共利益。

- 数据贡献：AI 模型的训练依赖数据，个体在享受 AI 带来便利的同时，也承担提供数据的义务，但这种贡献需要在透明、公平的条件下进行。

- 社群维护：通过举报违规、提供反馈、参与讨论，个体帮助维护健康的数字生态。

贡献不是强制的劳动，而是一种与权利相对等的社会责任

3. 治理责任：参与决策与监督

数字公民拥有治理身份，就意味着必须承担治理责任。

- 投票与参与：在 DAO 或平台社群中，数字公民应积极参与投票和讨论，而不是"沉默多数"。

- 监督与问责：治理不仅是权利，也是责任。个体应监督平台与社区的运作，防止腐败与不公。

- 公共利益优先：在参与治理时，数字公民需要平衡个人利益与社群利益，维护集体的长远发展。

这种治理责任，让数字公民从"用户"真正转变为"公民"。

4. 教育与提升义务

数字公民还需承担持续学习与提升的责任。

- 技能提升：在技术快速更新的时代，个体必须不断学习，才能保持竞争力。

- 数字素养：包括信息甄别能力、数据安全意识、AI 使用的道德规范。

- 代际传递：经验丰富的数字公民应帮助新成员适应数字社会，推动知识与技能的代际传承。

这种"教育义务"不是国家强制，而是社会共识下的自我要求。

～

◆ 权利与义务的平衡

I. 失衡的两种风险

数字社会中，如果权利与义务失衡，将会导致严重后果：

- 权利过剩而义务缺失：若个体只强调权利，却拒绝承担责任，数字社会可能陷入"消费主义"与"投机主义"，人人索取，却无人维护公共秩序。

- 义务过重而权利不足：若平台或组织要求个体承担过多责任，却不给予相应权利，劳动者可能沦为"数字农奴"，在算法控制下失去自主。

因此，数字公民的核心挑战，是在权利与义务之间建立动态平衡。

2. 平衡机制一：制度设计

- 透明的规则：平台必须公开算法推荐机制、收益分配比例，让公民清楚权利与义务的边界。

- 合规的合同：跨境自由职业需要标准化合同，明确双方的权责与争议解决机制。

- 多边协议：国际间需要签订"数字劳务协定"，平衡劳动者与平台、国家之间的利益。

制度是保障平衡的第一道防线。

3. 平衡机制二：技术赋能

技术本身也能成为平衡的工具。

- 区块链合约：自动执行权利与义务，避免一方滥用权力。

- 声誉系统：通过公开透明的声誉评分，督促个体承担义务，也保障其获得相应权利。

- AI 审核：利用人工智能对治理过程进行监督，减少人为偏差。

技术的引入，让平衡不再依赖人为承诺，而是嵌入系统逻辑。

4. 平衡机制三：社群自律

社群的力量同样不可忽视。

- 共同价值观：DAO 和开源社区往往依靠共同的使命感来维系权责平衡。

- 互助文化：数字公民在遇到困难时，通过社区互助弥补制度不足。

- 舆论监督：社群内部的舆论与评价，能有效约束过度索取或逃避责任的行为。

这种社群层面的约束，常常比制度更柔性，却更有温度。

～

◆ 过渡：迈向权利义务的新契约

随着数字公民的崛起，未来社会必然要重新定义权利与义务的边界。

- 谁来保障个体的权利？

- 谁来监督个体履行义务？

- 这种平衡机制是否应当通过 新的社会契约 来确立？

这些问题将成为下一阶段的核心议题。因此，下一小节将进一步探讨 新时代的社会契约：从国家公民到平台公民再到算法公民。

～

◆ 未来展望：权利与义务的升级版

I. 个体权利的扩展

未来的数字公民，将不仅拥有传统意义上的表达权、劳动权与财产权，还会获得更前沿的权利：

- 算法知情权：公民有权知道算法如何影响自己的机会与选择。

- 数据收益权：当平台利用个体数据训练 AI 或出售给第三方时，公民应获得收益分成。

- 虚拟人格权：AI 分身、虚拟形象的所有权应归属于个体，而非平台或企业。

这些新型权利，将成为数字社会的基石。

2. 个体义务的升级

与权利的扩展相对应，义务也会随之升级：

- 算法监督义务：公民需要参与算法监督，防止技术被滥用。

- 生态维护义务：个体需帮助清理虚假信息，推动社群生态健康。

- 代际传递义务：作为数字公民，个体有责任向下一代传授数字素养，避免"信息贫困"。

未来，义务不再是消极的"遵守"，而是积极的"参与与建设"。

～

◆ 权利与义务的全球化趋势

I. 全球数字宪章的可能性

随着跨境劳务与数字身份的普及，国际社会可能会推动一份类似于《世界人权宣言》的《全球数字公民宪章》：

- 统一数字公民的基本权利与义务；

- 推动跨国平台与国家之间形成共识；

- 为个体提供跨境保护与保障。

2. 多边组织的作用

联合国、WTO 甚至新兴的 Web3 组织，可能成为数字公民治理的重要参与者。它们将推动全球规则的制定，确保权利义务不因地域差异而被侵蚀。

3. 国家与平台的博弈

国家希望维持主权，平台希望扩展影响力，个体则希望争取自由。三者之间的博弈，将决定未来权利义务的具体走向。

～

◆ 走向数字社会的新契约

数字公民的出现，使人类历史进入一个新阶段：

- 个体不再只是国家的公民，而是 多重身份的复合体；

- 权利不再只是由政府赋予，而是通过平台、社群和算法共同塑造；

- 义务不再只是服从，而是参与、监督与共建。

因此，数字公民的权利与义务，不是简单的复制传统国家逻辑，而是建立在技术、平台与全球社群之上的新契约。

这份新契约，将是人类在 AI 时代重新定义自由、责任与共同体的核心。

新时代的社会契约：从国家公民到平台公民再到算法公民

～

◆ **社会契约的再定义**

社会契约的核心，是个体与共同体之间达成的"权利与义务的交换"。在传统国家体系中，社会契约由宪法、法律与制度体现：公民将部分自由交给国家，以换取安全与秩序。

但在数字时代，个体的身份已不再仅限于国家公民。越来越多人活跃在跨境平台、虚拟社群和去中心化网络中，他们的生活与工作更多依赖于平台规则和算法逻辑。这意味着，传统社会契约正在失效，需要一种新的契约来维系数字社会的运行。

～

◆ **社会契约的历史演变**

1. 古典时期：国家与公民

- 在霍布斯的《利维坦》中，个体将绝对权力交给主权者，以换取生存安全；

- 在洛克和卢梭的理论中，社会契约强调有限政府与人民主权，确保自由与平等；

- 在现代国家实践中，社会契约体现在宪法、选举制度和法律体系中。

这种契约的核心是"国家-公民"二元关系。

2. 平台时代：平台与用户

随着数字平台的崛起，新的"契约"出现了。

- 平台通过用户协议、隐私政策等条款，规定了用户的权利与义务；

- 用户虽然是"公民"，但在平台上却更多地被视为"消费者"或"数据供给者"；

- 平台契约往往不对等，用户在进入时别无选择，只能"同意"。

这种不平等的契约关系，让用户在平台中缺乏真正的权力，成为"平台公民"的现实困境。

3. 算法时代：算法与数字公民

进入 AI 时代，算法已经接管了大部分资源分配和行为管理的功能。

- 算法推荐：决定你能看到什么、谁能看到你；

- 算法信用：决定你能否获得贷款、签证或机会；

- 算法治理：通过 DAO、智能合约等形式，直接执行规则。

在这种环境下，社会契约需要重新定义：数字公民与算法之间的关系，必须有新的平衡机制，否则人类可能沦为算法的"被管理者"，而非契约的平等参与者。

◆ 从国家公民到平台公民：转型的张力

1. 平台对国家职能的替代

在数字空间，平台逐渐接管了许多传统上由国家提供的职能：

- 身份认证：登录账户比护照更常用；

- 沟通渠道：社交媒体取代邮政、电信，成为主要公共交流空间；

- 经济活动：电商平台、数字支付取代传统市场，成为交易基础设施；

- 社会治理：平台通过社区规则与算法审核，承担了部分"治安管理"功能。

这一替代带来了效率，但也让个体在平台内逐渐失去了作为"公民"的平等地位，退化为"用户"或"数据源"。

2. 平台契约的不对称性

国家与公民之间的契约通常经过宪法、法律与民主程序的确认，具备一定的 对等性。而平台与用户之间的契约，往往是单方面的：

- 用户协议：冗长复杂、难以协商，用户只能"点同意"；

- 隐私政策：数据收集范围模糊，个体常常在不知情的情况下被监控；

- 收益分配：创作者或劳动者的收入比例由平台决定，缺乏谈判权。

这种不对称让用户在平台内缺乏真正的自治权利。

3. 国家与平台的张力

国家并未消失，而是与平台产生了复杂的关系：

- 竞争：国家担心平台削弱主权，例如加密货币挑战法币体系。

- 合作：国家依赖平台提供公共服务与技术基础设施。

- 博弈：国家通过立法监管平台，而平台通过技术与资本进行反制。

这种张力让数字公民处于"两难"境地：他们既是国家公民，也被平台管理，常常面临"双重规制"。

4. 个体的身份冲突

在这一转型中，个体的身份出现了撕裂：

- 在国家层面，他们是合法的公民，拥有宪法赋予的权利；

- 在平台层面，他们是用户，权利取决于平台条款；

- 在冲突时，国家的权利保障未必能延伸到平台。

例如，一名创作者的账号被平台封禁，可能瞬间失去收入，而国家法律却无法及时提供救济。这种冲突暴露了"国家公民"与"平台公民"之间契约失衡的矛盾。

5. 转型的核心问题

从国家公民向平台公民的转型过程中，最大的矛盾在于：

- 国家契约以 公共利益 为导向，强调公民权利与社会责任的平衡；

- 平台契约以 商业利益 为导向，强调效率与盈利最大化；

- 个体在两者之间，往往成为被动的一方。

因此，如何在国家、公民与平台之间重建平衡，成为新时代社会契约的
关键挑战。

~

◆ 从平台公民到算法公民：契约的再塑

I. 算法取代平台管理员

在传统平台治理中，用户与平台的关系往往是"人对人"：平台管理员或
人工团队制定规则，审核内容，分配流量。而进入 AI 时代，这些功能越
来越多地由 算法 来执行。

- 推荐算法 决定了用户能否被看见；

- 信用评分系统 决定了个体能否获得贷款或参与交易；

- 智能合约 自动执行交易和奖励，无需人工干预。

这意味着，平台的管理逻辑正在被"算法契约"替代，用户逐渐转变为 算
法公民。

2. 算法契约的特征

算法契约与国家契约、平台契约相比，有三个显著特征：

- 自动性：规则通过代码执行，不依赖人工操作；

- 透明或黑箱：部分算法（如区块链合约）透明公开，人人可见；
  但多数推荐与广告算法是黑箱，个体无从知晓；

- 去中心或再中心化：DAO 中的智能合约分散权力，而大平台的
  算法则可能进一步集中权力。

这种两极化特征，使算法契约既可能成为民主化的工具，也可能成为新
的"数字专制"。

3. 算法公民的权利与义务

成为算法公民，意味着个体与算法之间达成新的契约：

- 权利：算法公民有权知晓规则、修改算法参数、参与模型优化；

- 义务：算法公民需提供数据、监督算法、避免恶意操控。

例如，在去中心化金融（DeFi）平台中，用户既享有投票治理权，也需承担治理责任；在 AI 社区中，用户既能使用模型，也需反馈偏差和风险。

4. 算法偏见与契约困境

算法契约看似公平，但背后潜藏巨大风险：

- 数据偏见：算法训练于不平等的数据，可能加剧歧视；

- 责任不明：当算法决策造成损害时，责任应由谁承担？是开发者、平台，还是用户？

- 无法协商：传统契约可通过谈判调整，而算法契约常常缺乏灵活性，代码一旦部署，修改成本高昂。

这让算法公民在契约中面临困境：权利有限，义务却被放大。

5. 算法契约的未来方向

要避免算法契约异化，需要新的设计原则：

- 可解释性：算法应具备透明度，让公民能理解其逻辑；

- 可参与性：算法规则应允许公民参与调整与投票；

- 可问责性：算法的错误必须有明确的责任主体与补救机制。

唯有如此，算法公民才能从被动接受者，转变为主动的契约参与者。

～

◆ 新时代社会契约的可能形态

I. 多层契约并存

未来的社会契约，不再是单一国家契约的延伸，而是 国家、平台与算法三层并存的混合体系。

- 国家契约：依旧存在，为公民提供国籍身份、基本权利和线下保障。

- 平台契约：由企业制定，围绕用户与服务展开，决定个体能否参与数字经济。

- 算法契约：由代码执行，定义了资源分配、内容传播和治理逻辑。

数字公民将在三层契约中不断切换，身份也将随之流动。

2. 国家+平台：合作型契约

在一些领域，国家可能与平台建立合作关系，形成新的契约模式：

- 数字税与劳动保护：国家通过法律，要求平台为劳动者缴纳保险、保护隐私。

- 公共服务外包：平台提供基础设施，国家监督其合规性。

- 共同治理：平台为国家提供数据支持，国家则保障公民权益。

这种"合作型契约"可能成为过渡形态，帮助国家重新获得对数字社会的部分控制。

3. 平台+算法：自动化契约

平台逐步将治理交给算法，形成自动化的契约关系：

- 智能审核：由算法自动判定违规行为；

- 自动分配：流量与收益的分配完全交由模型决定；

- 自运行社群：DAO、去中心化平台通过智能合约实现自治。

这种模式提高了效率，但风险在于：缺乏透明度可能让算法成为新的权力垄断。

4. 国家+算法：监管型契约

未来，国家可能直接与算法交互：

- 算法备案：要求平台公开核心算法，接受审计；

- AI 监管系统：通过国家 AI 审查，确保算法公平、公正；

- 跨境合作：国际组织推动"全球算法规则"，形成超越国界的监管框架。

在这种契约中，国家从传统的"法律治理"扩展为"算法治理"，成为数字社会的仲裁者。

5. 混合治理的趋势

最终，新时代社会契约可能呈现出 混合治理 的特征：

- 多元主体参与：国家、平台、社群、算法共同决定契约内容；

- 动态契约：契约不是一次性签订，而是根据技术发展与社会变化不断更新；

- 个体参与：数字公民不仅是被治理的对象，也通过 DAO、投票和数据主权成为契约的缔造者。

这种契约更像是一个 动态生态系统，而不是单一的"社会合同书"。

◆ **未来展望：社会契约的重构方向**

1. 全球层面：数字宪章的可能性

未来，数字社会可能需要一份类似《世界人权宣言》的 全球数字宪章。

- 它将统一数字公民的基本权利，如数据主权、算法知情权、数字财产权；

- 它将明确个体的义务，如数据贡献、算法监督、社群参与；

- 它将推动各国政府、平台与国际组织之间形成合作，避免"数字殖民"。

这份数字宪章，将成为新时代社会契约的基础文本。

2. 国家层面：监管与保护的双重角色

国家不会消失，而是会承担新的功能：

- 监管：国家要监督平台和算法，避免权力滥用；

- 保护：国家要为数字公民提供最低限度的保障，例如跨境收入的法律支持、数字财产的法律确认；

- 创新：国家需要参与数字规则的设计，成为国际博弈中的规则制定者，而非被动接受者。

这意味着，国家与数字公民的关系将更加复杂，但仍然不可或缺。

3. 平台层面：从企业到"数字城邦"

平台的未来，不仅仅是盈利工具，更可能演化为数字城邦：

- 平台提供身份、经济、社交与治理的一体化服务；

- 用户既是消费者，也是居民，甚至是公民；

- 平台需要在利润与公共责任之间找到平衡，否则会被替代或监管。

这种"平台城邦"模式，将成为新时代社会契约的核心载体。

4. 算法层面：透明、可问责与共治

算法将在未来社会契约中占据关键地位。为了避免其异化，必须坚持三大原则：

- 透明性：算法逻辑应向公民公开，避免"黑箱治理"；

- 可问责性：算法决策应能追溯责任人，而不是"无人负责"；

- 共治性：公民应当能够通过 DAO 或投票机制参与算法的优化与修订。

唯有如此，算法才能成为契约的工具，而不是新的"数字君主"。

～

◆ 走向契约的新时代

从国家公民到平台公民，再到算法公民，人类社会正在经历一场前所未有的契约重构。

- 国家契约强调主权与秩序；

- 平台契约强调效率与规则；

- 算法契约强调自动化与数据逻辑。

未来的社会契约，必然是三者的混合体，同时也是一个动态演化的过程。

数字公民的出现，使个体不再只是被动的被管理者，而是契约的参与者与共同缔造者。

这也意味着，人类正在进入一个 契约多元化、身份复合化、治理智能化 的新时代。

而这一切，最终都指向一个问题：数字公民如何在这样的契约下，成为有主权、有影响、有归属的人类单元？ 这将是我们下一小节要探讨的主题。

持续演化的个体：成为有主权、有影响、有归属的人类单元

∾

◆ **个体的持续演化**

纵观人类历史，个体身份的定义始终在变化：

- 在氏族社会，个体的身份依附于血缘与家族；

- 在封建社会，身份依附于土地与阶层；

- 在工业社会，身份依附于工厂与国家；

- 在信息社会，身份依附于职业与组织。

进入 AI 时代，个体的身份不再是固定标签，而是一个 动态演化的过程。

"持续演化的个体"意味着：每个人都像一个开放系统，随着技术进步、社群互动与制度更新而不断迭代，逐渐成为 有主权、有影响、有归属的人类单元。

~

◆ "持续演化"的含义

1. 技术驱动的演化

AI、区块链、物联网为个体带来持续升级的可能：

- AI 提供认知与创造力的扩展；

- 区块链提供身份与资产的确权；

- 数字平台提供全球舞台。

- 个体在技术的放大下，不断获得新的能力与身份。

2. 社会互动的演化

个体身份不再单纯由国家赋予，而是通过与平台、社区、DAO 的互动不断重塑。

- 在开源社区，贡献一行代码就可能获得全球认可；

- 在数字社群中，活跃参与就能成为"意见领袖"。

- 个体通过互动不断演化，积累声誉与影响力。

3. 制度支撑的演化

制度的进化也让个体不断演化：

- 爱沙尼亚的电子居留项目，让任何人都能成为"数字公民"；

- 数字税、数字社保的探索，让个体劳动逐渐获得跨境合法性。

- 制度的创新为个体演化提供了稳定框架。

∼

◆ 演化的目标：三重维度

个体的演化并不是无方向的，而是朝向三个目标：

1. 主权：能够掌握自己的数据、身份与资产；

2. 影响：能够在社群、平台、算法中发声，产生改变；

3. 归属：能够在全球化的数字社会中找到自己的群体与意义。

当这三点同时实现时，个体才能称为 完整的人类单元，而不再是大系统中的螺丝钉。

∼

◆ 有主权的个体：掌握数据、身份与资产

I. 数据主权：信息时代的新"领土"

在 AI 驱动的数字社会里，数据就是新的土地与矿藏。传统社会中，国家掌握领土，公民依附土地生存；在数字社会中，平台掌握数据，而个体常常被迫裸奔。

"有主权的个体"，意味着 数据应回归个体：

- 知情权：个体有权知道自己的数据被收集、使用和交易的全过程；

- 控制权：个体决定数据是否被共享，是否可撤销；

- 收益权：当数据被用于训练 AI、推荐广告时，个体应获得收益分成。

换句话说，未来的主权不只是国家的疆界主权，更是个体的数据主权。

2. 身份主权：数字护照与多重身份

传统社会中，护照是国家赋予的身份凭证。而数字社会中，个体需要新的"护照"来穿越平台与社群。

- 去中心化身份（DID）：让个体能够自主管理身份，不依赖任何单一平台或政府。

- 可迁移身份：你的声誉、贡献和关系网络可以在不同平台间迁移，而不是被一家平台锁定。

- 匿名与隐私：身份主权也意味着你可以选择何时匿名、何时实名，保护自我边界。

当身份主权被确立，个体才能真正成为独立的"数字国民"，而不是平台的附庸。

3. 资产主权：数字财富的确权

在区块链和数字经济的推动下，个体的资产形态已经发生巨大变化：

- 虚拟货币：比特币、稳定币成为个体的跨境支付工具；

- NFT 与数字艺术：创作者可以直接确权并出售自己的作品；

- 虚拟地产与元宇宙资产：虚拟空间中的房产、装备成为可交易的财富形态。

资产主权的关键在于：个体对数字资产的所有权必须获得制度承认与保护，而不是被平台单方面冻结或剥夺。

4. 案例：主权个体的现实雏形

- Web3 创作者：通过 NFT 平台直接面向粉丝出售作品，收益全归自己，无需依赖中介；

- 爱沙尼亚 e-Residency：创业者以数字身份注册公司，拥有跨境运营与资产管理的合法性；

- 数字游牧者：通过稳定币收款，在全球自由流动，突破了传统银行体系的限制。

这些案例表明，"主权个体"不再是乌托邦式的设想，而是正在被逐步实践的现实。

5. 主权个体的意义

当个体真正掌握数据、身份与资产时，他们获得了数字社会的 独立生存能力。这意味着：

- 个体不再完全依附于国家、公司或平台；

- 他们拥有更强的议价能力与自由选择权；

- 全球范围内的每一个人，都可能成为自带"主权"的独立单元。

这正是"持续演化的个体"的第一重目标——主权。

◆ 有影响的个体：在社群、平台和算法中的话语权

I. 影响力是数字时代的新权力

在工业社会，权力主要来自土地、资本和武力。而在数字社会，权力越来越多地体现在 影响力上。

- 一条微博、一段短视频可以改变舆论走向；

- 一次开源贡献可以推动全球技术进步；

- 一次 DAO 投票可以决定数百万美元的流向。

这种影响力跨越国界、平台与组织，成为数字公民能否被看见、被尊重、被赋权的关键。

2. 平台中的话语权

在 YouTube、TikTok、Twitter 等平台上，影响力直接与算法绑定。

- 拥有粉丝数百万的创作者，可以影响全球数千万观众；

- 中小创作者也可能通过一次爆款视频，实现跨越阶层的"社会跃迁"；

- 影响力带来经济回报，如广告分成、赞助与衍生品。

然而，平台算法的不透明也带来风险：创作者的影响力往往依赖平台推荐，随时可能因规则变化而消失。这表明，平台公民的影响力既真实，又脆弱。

3. 社群中的话语权

在开源社区、兴趣社群和职业社区中，影响力更多体现在声誉与贡献。

- 在 GitHub 上，开发者通过贡献代码获得"社区话语权"；

- 在维基百科，活跃编辑者能够成为管理员，直接影响规则制定；

- 在 Discord、Reddit 社群，核心成员常常主导议题与舆论。

这种基于贡献的影响力，比粉丝经济更稳定，也更具持续性，因为它建立在真实的参与和长期积累之上。

4. 算法中的话语权

AI 与算法治理的兴起，让"有影响的个体"还必须具备 算法层面的发声能力。

- 在 DAO 中，个体的投票权直接决定了资源分配；

- 在 AI 模型训练中，用户的数据反馈影响算法优化；

- 在推荐系统中，活跃度与互动模式会被算法识别，从而影响整体社群氛围。

算法不仅分配机会，还分配"话语权"。未来，有影响的个体不仅要在社群中被认可，还要能在算法中"留下痕迹"。

5. 案例：数字影响力的现实力量

- 独立记者：通过 Substack、Twitter，绕过传统媒体，直接建立数十万订阅用户群体，影响力甚至超过一些主流新闻机构。

- 游戏玩家：Twitch 上的主播通过游戏直播，带动上百万观众的消费与文化认同，成为"社区意见领袖"。

- DAO 成员：在 Uniswap DAO 的治理投票中，某些个体持币人凭借声誉和影响力，左右了关键政策的走向。

这些案例说明，在数字社会中，影响力是新的资本，是公民能否真正发声的关键。

6. "有影响"的意义

当个体拥有影响力，他们不再只是被动的执行者，而是积极的塑造者：

- 他们能引导舆论，推动规则优化；

- 他们能影响平台决策，争取更公平的分配；

- 他们能在全球数字网络中，成为真正的"节点"，而不是边缘的用户。

这正是持续演化个体的第二重目标——影响。

$$\sim$$

◆ 有归属的个体：在全球化与数字社群中的身份感

1. 为什么"归属"是必需的

人类是社会性动物。即便在高度数字化的未来社会，个体若缺乏归属感，也可能陷入孤独、焦虑与身份危机。

- 主权 解决的是"我能否独立存在"；

- 影响 解决的是"我能否被他人听见"；

- 归属 则回答的是"我属于哪里，我和谁在一起"。

归属感不仅是心理慰藉，更是维持数字社会稳定的核心。

2. 数字社群带来的新归属

在全球化的数字社会中，归属感不再单一依赖于民族或国家，而是由多元的数字社群提供：

- 兴趣社群：例如 Reddit 的版块、Discord 的服务器，用户因共同爱好而聚集；

- 职业社群：GitHub 的开发者社区，Behance 的设计师平台，让个体因技能和项目建立认同；

- 价值社群：DAO 和非营利组织，围绕环保、开源、平权等理念形成跨国群体。

在这些社群中，个体的身份不取决于出生地，而取决于 参与度与贡献。

3. 平台归属与流动性

归属感也常常由平台本身提供。

- 在 YouTube，粉丝群体形成"创作者的社区"；

- 在 TikTok，流行文化的互动带来身份认同；

- 在 Twitter/X，公共话题塑造"数字广场"的归属感。

然而，平台归属感具有高度流动性：一个账号被封禁，可能让个体瞬间失去社群。

因此，真正健康的归属，必须超越单一平台，向 跨平台、跨社群的多重归属 发展。

4. 全球数字公民的多层归属

未来，数字公民可能同时拥有多层次的归属：

- 国家层面：依旧是法律与社会保障的来源；

- 平台层面：日常互动与文化身份的重要场所；

- 社群层面：兴趣、价值、职业的聚合体；

- 算法层面：通过 DAO 或区块链身份，个体被识别为"治理成员"。

这种多层归属，使得个体在失去某一层身份时，仍能在其他层面获得支撑。

5. 案例：归属感的现实体现

- 数字游牧者社区：Nomad List 平台将全球数字游牧者连接起来，为他们提供归属与支持，即便他们没有固定国籍或城市。

- 开源项目社群：Linux、Ethereum 等开源社区的成员，往往对社群的归属感强于对企业或国家的依赖。

- 粉丝文化群体：BTS 的"ARMY"、Marvel 的粉丝社群，形成了跨国文化共同体，为成员提供情感上的凝聚力。

这些案例表明：归属感不再只是"我在哪个国家"，而是"我和谁在一起"。

6. "有归属"的意义

当个体在数字社会中获得归属感时，他们不再是孤立的用户，而是群体的一部分。

- 这种归属增强了个体的幸福感与安全感；

- 也增强了社群的凝聚力与创造力；

- 更为重要的是，它让数字公民在快速变动的世界中，找到持久的身份锚点。

归属感，是持续演化个体的第三重目标，也是"主权—影响—归属"三位一体的最后拼图。

～

◆ 三重目标的统一：主权、影响与归属

前文提到，持续演化的个体朝向三个目标演进：

- 主权：自我掌控的数据、身份与资产；

- 影响：在社群、平台与算法中的话语权；

- 归属：在全球化与数字社群中的身份认同与群体支持。

这三者并非割裂存在，而是相互支撑、互为条件。

- 没有 主权，影响与归属便容易沦为空谈，因为个体缺乏独立性与安全感；

- 没有 影响，主权无法转化为现实的力量，归属感也会失去社会价值；

- 没有 归属，主权与影响最终会陷入孤立，个体可能成为漂泊的"数字孤岛"。

因此，持续演化的个体，必须实现这三者的统一，才能真正成为 完整的人类单元。

~

◆ 持续演化的路径

1. 技术层面的迭代

- AI 将继续为个体扩展认知与创造力；

- 区块链 将为身份与资产确权提供底层保障；

- 互操作协议 将使身份与声誉在不同平台间自由流动。

- 技术将不断为个体的演化提供动力。

2. 制度层面的创新

- 数字宪章：国际社会或将制定数字公民的基本权利与义务；

- 跨境社保与税收：逐步实现自由职业与远程工作的合规保障；

- DAO 治理实践：让个体能够直接参与规则制定。

- 制度的演化是个体演化的护航者。

3. 文化层面的塑造

- 多重身份意识：个体逐渐接受自己既是国家公民，也是平台用户，更是算法公民；

- 共同体价值观：社群凝聚力取代传统边界，形成新的"数字民族"；

- 数字伦理：尊重隐私、公平分配、拒绝歧视，将成为新的社会规范。

- 文化层面的演化，让数字公民真正成为"社会人"。

~

◆ 未来图景：有主权、有影响、有归属的人类单元

设想未来 20 年：

- 一个年轻人可以凭借 DID（去中心化身份）自由参与全球项目，他的数据和作品完全由自己掌控；

- 他在 GitHub 上的贡献让他获得国际声誉，在 DAO 中的投票让他影响资金流向；

- 他在数字游牧社群找到归属，与全球朋友共同工作、生活、旅行；

- 即使换了国家、换了平台，他的身份与声誉依旧随身携带，不会被抹去。

这样的个体，才是真正意义上的 全球数字公民，既自由又负责，既独立又联结，既有主权又有归属。

〜

◆ 个体文明的新阶段

人类社会正在进入一个全新阶段：

- 过去，个体必须依附家庭、宗族、国家才能生存；

- 如今，个体可以依托技术、平台与社群成为自足的单元；

- 未来，个体将持续演化，成为全球社会的核心节点。

这种演化不是偶然，而是文明的必然结果。

当无数个体成为 有主权、有影响、有归属的人类单元 时，人类将真正进入一个 以个体为中心的文明新阶段。

结语：重塑自我，拥抱未来

AI和区块链时代的浪潮已经不可阻挡。我们每一个人都站在前所未有的十字路口：是继续固守旧有身份，还是成为全球数字公民？答案或许不唯一，但肯定的是，这个时代的主旋律是开放与共建。正如研究所言："Web3与AI的结合不是简单的技术变革，而是哲学变革……人们可以选择加入符合自己价值观的治理系统，由透明的代码和自动智能来赋能"。我们无需推翻国家和政府，而是要构建更好的选择：一个可供个体自主选择的"治理应用市场"。在这里，每个人都可以成为自己命运的设计师，以数字身份参与到新的社会契约中去。

"全球数字公民"并不是科幻，它正在一步步成为现实。每一次在线提交、每一次智能合约执行、每一次链上投票，都在重塑我们的身份和关系网络。在未来，我们将以何种身份出现？这个问题的答案，将由今天开始行动的你来书写。拥抱新技术、学习新规则、建立新信任，你就已成为具备真正主权的数字时代公民。就像巴尔吉·斯里尼瓦桑（Balaji Srinivasan）所展望的那样，当我们用加密标识符定义公民身份，用智能合约执行规则时，全新的人类共同体正呼之欲出。现在，全球数字公民时代的大门已经开启，你准备好走进去了吗？

6

第六章 全球居民企业

"文化能吞噬战略当早餐。"

— 彼得·德鲁克（PETER DRUCKER）

AI与数字化的新天域

在 AI和数字技术深度融入的时代，出海战略的内涵发生了根本性变化。一如专家所言，"出海不是征服，而是融入"。征服式扩张、凭借低价蛮干的时代已一去不复返，取而代之的是以"入海"心态深耕市场、与当地深度融合的策略。中国企业不再满足于给海外华人圈层"打补丁"，而是要成为主流市场的"新邻居"。只有面向当地主流消费者、参与本地社区，才能真正获得市场信任和持续增长。

本地化出海的意义：融入而非征服

国际舞台上，中国企业纷纷"扬帆出海"，但越来越多的声音提醒：出海并非征服式占领，而是深度融入当地市场。正如丰祖军所言，面对文化和规则壁垒，出海要带着"入海"的心态，在文化、制度、社会等多维度与目标市场融合。国内学者也强调："出海要'融入'国际市场，而不是占领市场"。这意味着，企业在国外首先需要尊重和适应当地文化、法律与商业习俗，学会像当地企业一样思考和行动。只有把目标市场当作自己的"新家"，在利益之外主动给予、履行社会责任，才会赢得民心和资源。

一个常见的误区是，只把海外华人社区当作试点和桥头堡。确实，华人圈层往往对中国品牌更有亲和力，企业可以先行打下口碑基础。但若停留在此，规模终究有限，难以撬动主流市场需求。正如一位深耕中东多年的创业者所警示："如果创始人都在国内，只是换个文字、换个翻译，对市场和文化没有深入了解，就贸然做所谓本地化，失败率极高"。很多成功的出海案例都遵循了先服务华人、再向更广泛群体扩张的策略。以熊猫外卖为例，它起初切入海外华人社区，通过高效配送和贴心服务赢得信任，随后逐步拓展到亚裔、少数族裔乃至当地人群。这种"从小圈子出发，再走进大市场"的路径既降低了初始难度，又为品牌积累了经验和口碑，是值得借鉴的做法。

柔性制造与在地装配：技术基础与实践

数字化技术为柔性制造和在地装配提供了技术基石。所谓柔性制造（Flexible Manufacturing），是指通过数字系统、自动化产线、小批量多品种的生产方式，实现快速响应个性化需求。在理想状态下，柔性生产系统既能降低成本，又能缩短交付周期，大幅提高客户满意度和忠诚度。近年来，中国有家电企业改造柔性产线后，切换产线的时间缩短93%，生产效率提升45%，定制化能力提高35%。这一趋势也体现在市场规模上：我国柔性制造行业规模年均增长率超过18%，预计到2029年将达到近8.6万亿元。

真实案例中，数字孪生（Digital Twin）技术正重塑制造业。以富士康为例，其在墨西哥瓜达拉哈拉的新厂上线"虚拟工厂"，利用NVIDIA的Omniverse平台构建生产线的数字孪生，并在虚拟环境中训练机器人完成装配流程。富士康董事长刘扬伟表示，数字孪生让自动化和效率达到新水平，大幅节约时间、成本和能源。通过模拟优化，他们预计可降低30%以上的能源消耗。此类实践表明：利用AI、5G和物联网等技术，企业可以在全球范围内跨厂协同调度，构建集数据采集、分析、控制于一体的智能柔性工厂，支持跨国生产和快速升级。

在地装配方面，全球巨头纷纷将部分生产移至目标市场或就近市场。例如苹果发布的最新iPhone机型，销往美国的版本主要在印度工厂组装，而中国大陆仍承担全球核心供应链职责。这种模式既能规避部分贸易摩擦，又让产品更贴近最终用户需求。中国企业也在行动：海尔集团在埃及投资1.6亿美元建设智能制造园区，引入数字孪生管理，实现本地化生产。这个园区生产空调、电视、洗衣机等，为当地创造大量就业，并将先进生产技术和管理模式移植到当地。类似地，联想在巴西建厂，不仅提高了海外市场供应能力，也增强了产品的本土定制能力。

简言之，柔性制造+在地装配让企业可以"全球设计、本地制造"，满足不同市场的需求。在AI、云计算和工业互联网的支撑下，大批量生产和个性化需求不再是对立面，而是可并行推进的目标。企业通过模块化设计、自动化产线和数据化决策，快速切换生产，实现定制交付。这样一来，即使是同一产品，也能够根据不同国家的偏好和标准进行本地化改造，从而赢得用户青睐。

本地服务与社区渗透：成为当地"好公民"

在地化不仅是生产层面，更关乎品牌与社区的深度连接。企业要像当地公司一样思考：服务本地用户、参与社区活动，赢取信任和口碑。构建信任网络是出海成功的关键，而这往往需要第三方认证和口碑传播来实现。正如业内分析指出，海外品牌认知绝非简单广告投放，而是通过系统化构建"信任网络"来赢得用户。专业的BPO（商务流程外包）服务商在跨文化沟通中被形容为"信任建筑师"，帮助企业在语言、法律、文化上架桥。举例而言，一家公司进入新市场后，通过与当地行业协会、媒体合作发布认证报告、测评结果，逐步提了公信力；另一些互联网企业则通过口碑营销和KOL推广，使品牌形象迅速深入人心。

此外，企业直接在当地展开社会化运营也十分重要。比如熊猫外卖在澳洲墨尔本举办了社区活动，与当地华人以及主流社区互联；它通过高效的服务和个性化推荐赢得用户好评，并逐步向更广泛的亚裔乃至当地社区扩展。长期坚持参与社区公益、支持当地教育或环保项目的企业，更容易获得政府和民众的认可。事实上，长期海外运营的经验告诉我们：雇佣本地员工、聘用当地管理者、建立本地团队，能让政府和居民感受到公司的诚意。正如专家所说，"在国外生产时，可以在本地带来收益，并且雇佣本地员工，而这些是当地政府真正看重的"。与此同时，企业需要深度洞察当地文化，不断学习并融入当地价值观。知名品牌Oatly进入中国市场后，通过选择与精品咖啡馆合作、"一个城市、一个产品"的精准切入策略，成功打造了与中国消费者的共鸣（见下章"未来展望"）。

本地化服务还包括提供贴合当地习惯的用户支持。例如，开启本地化客服热线、建立就近物流中心、提供本地语言界面和支付方式等，都能让消费者觉得这是"自己人"的服务。同时，利用数字技术可以实现24/7贴身服务：很多出海企业在推出新产品时，都会配备AI客和在线问答机器人，提高响应速度，拉近与用户的距离。

潜力市场：拉美与新兴蓝海

在传统的东南亚、欧美市场之外，有一片"新大陆"正待中国企业去探索——拉丁美洲以及非洲、中东等地。拉美地区以其6.5亿的人口和快速提升的电商渗透率引人注目。这里人口年轻、城市化进程加速，对基础设施、消费品和数字服务的需求巨大。经合组织数据显示，2000年至2022年间，中拉货物贸易总额增长了35倍，是全球其他地区增长（4倍）的数倍。中国企业正加速在拉美布局：巴西、墨西哥、阿根廷等已成为中资投资重点。联想集团在巴西和阿根廷收获亮眼业绩：其个人电脑市场份额从几年前的个位数飙升至20%以上，摩托罗拉手机业务也占据巴西市场第二。这些成功的背后，是本土化的长远战略：联想打造"科技创新"形象，提前布局5G产品，与当地运营商建立长期信任关系，赢得了消费者的口碑。

早期，拉美电子商务市场也曾是"无压力"区：中国卖家只要铺货就能卖出高价。但如今随着竞争加剧，价格战和同质化竞争趋势显现。尽管如此，拉美市场升级中的结构性变革也提供了机遇：政府不断完善电商监管和税收制度，打造更加公平透明的市场环境。未来，墨西哥因其成熟的基础设施和消费能力将继续成为首选市场；巴西则因高税负和物流挑战而被视为高风险高回报区域；智利等中上收入国家消费者要求高、竞争相对温和。总体看，中国企业需要针对当地差异谨慎选择进入策略。

除拉美外，非洲和中东也是潜力之地。非洲14亿人口成长飞快，未来几十年或像20年前的中国那样迎来爆发式增长。中国企业已经在赞比亚、埃塞俄比亚等地开始项目，有的产业通过援建基础设施打开市场，如中国建筑企业以金砖项目为契机扎根当地。但资料也提醒我们，非洲市场竞争也在加剧，。"中国玩家"增多、同质化严重的局面正逐步显现；一些企业发现，低附加值制造利润微薄，必须提升技术含量或转向品牌和服务。而中东地区则以油气收入和主权财富为后盾，大力投资数字经济与新能源，对中企颇具吸引力。新兴市场无疑需要更多探路者：它们或许法律体系不完善、基础条件欠缺，但年轻化的人口结构和尚待满足的需求空间，为愿意"入赘"的企业提供了广阔舞台。

错误的出海姿势：内卷与孤岛

出海并非"躺赢"良机，一些错误心态和打法反而令人陷入新一轮"内卷"。第一种误区是只做华人市场。过分倚重海外华人社区，一味追逐他们的短期需求，虽然初期业绩可能看涨，但很难形成可持续增长。这种做法等同于自我设限：海外华人群体规模毕竟有限，无法承载企业的长期发展。相反，借助华人市场的认同和渠道优势作为踏板，再努力打开当地主流市场的局面，才是更健康的思路。

第二种误区是扎堆东南亚。过去几年东南亚各国经济增长迅速，年轻人口众多，中国投资密集。确实，越南、泰国、印尼等市场为传统制造业转移提供了"桥头堡"，也吸引了电商、游戏等新兴产业争先布局。但我们看到，很多中国企业蜂拥而至，导致竞争异常激烈。例如泰国的轮胎制造业，十年前还被视为低成本生产基地。如今，众多企业在此设厂，促成激烈的价格战：当地天然橡胶价格波动和美国反倾销调查接连发生，许多厂家的海外利润大受影响。这说明：东南亚虽近乎"邻居"，但任何一个领域都可能迅速过饱和。盲目跟风的结果往往是国内的"卷"搬到国外：竞争日趋价格化、红利逐渐消失。正如长江商学院教授指出的那样，"同质低价"的竞争模式，是中国企业海外内卷的典型表现。追求所谓的"后发优势"只会让后来的企业扎堆模仿，彼此压价恶性竞争，最终两败俱伤。

第三种误区是换地继续内卷。一些企业误以为，换到新市场就能逃脱内卷。事实却是，许多公司的"996"文化、高强度营销甚至搬到了海外。全球化时代，"中国模式"的粗放作风在很多国家并不受欢迎。例如，有公司在非洲挖角开价几倍于同行本地员工薪资，结果技术人才流动受阻，当地社会矛盾激化。这种片面追求规模和速度的做法，不仅没有有效打开市场，反而损害了"中国品牌"的口碑。正如梦百合董事长所言，"过于内卷对企业在海外的长期发展来说得不偿失，同样也是不负责任的"。

展望未来：本地肌理+全球技术齐飞

未来的全球化品牌，需要"双翼齐飞"——一面是根植当地的文化和价值观，另一面是贯穿全球的科技创新和供应链网络。专家总结，全球最强的品牌具备"全球视野+本土化人才和文化理解"的Glocal特质。他们尊重当地风俗，融入当地社会，与当地共同发展，而不是一味复制总部思路。当前全球产业链重构、大数据和人工智能深入应用的背景下，中国企业出海已进入2.0时代。长江商学院教授陶志刚提出，中国企业出海要关注市场进入策略、海外品牌策略和海外雇主声誉这三大战略维度。在实际操作中，这意味着企业既要在技术和模式上走在前列，也要在本地化管理、合作伙伴关系和人才培养上下一盘棋。

数字化为跨文化协作提供了工具，也对企业管理提出挑战。跨境团队需要学会包容差异、互相学习。成功的企业会在文化培训、语言沟通、激励机制上投入资源，形成融合本土团队与全球总部的桥梁。可以说，数字化出海本质上是一场跨文化的修行，需要企业持续增长"同理心"，尊重多元文化。正如有分析指出，全球化的最终目标应是"正和博弈"，而非零和竞争。只有让所有参与者（包括当地消费者、员工和政府）从变革中获益，才能获得真正的"护城河"。当企业出海真正把本地利益放在首位，用全球技术与之深度融合，其品牌才能在新时代的大海中屹立不倒。

第七章 超级城邦——重新定义边界与组织的时代

"未来已在这里，只是尚未被平均分配。"

—— 威廉·吉布森（WILLIAM GIBSON）

在AI和数字技术加持下，一种全新的经济共同体形式正在崛起，它既不同于传统国家，也超越了旧式公司的框架。这些"超级城邦"本质上是一类跨国平台型组织，它们运用分布式网络和智能算法将用户、合作伙伴、资源联结成一个高度自治的生态系统。现代平台企业的基因"更接近城邦这样的社会组织形态"。与国家（基于领土和主权）不同，超级城邦没有固定疆界；与传统公司（基于股东和科层）不同，超级城邦以去中心化、平台化方式运行。它们像古希腊城邦那样聚集了"城邦主与城邦居民"（平台方与用户）的角色关系，同时依托数字技术形成一种新的"虚拟主权"形式。可以说，超级城邦是以技术为根基的新型跨国经济共同体：它们以数据、算法和网络连接为纽带，创造价值共享的共同体治理结构。

技术背景：虚拟主权的基石

在技术层面，AI、区块链和云计算等数字技术构成了超级城邦"虚拟主权"的基础。首先，大数据和数字基础设施是这种生态系统的底层要素：研究表明，网络平台以数据为关键生产要素，并通过云计算、数据分析、在线社区和社交媒体等数字技术搭建起跨越时空限制的数字网络平台。平台体系具有柔性、敏捷和共生的特点，能将分散资源整合并迅速分配到网络各处；大数据则作为基础设施在平台生态中自由流动，跨越组织边界，使各主体实时协作，驱动更大范围、更大规模的价值创造。

其次，AI与自动化技术使得自治和智能协作成为可能。在超级城邦中，很多原本由人工完成的流程如今可由算法自动执行，减少了管理层级和审批链条。例如，AI可以承担分析、判断、预测等任务，秒级完成传统上需多层审核的决策。随着员工广泛使用AI工具，他们更倾向于自下而上地进行决策，而非等待上级授权。同时，AI结合RPA（机器人流程自动化）能够自动处理大量重复性任务，解放人力资源投入创新和跨部门协作，使组织更灵活高效。总之，这些技术共同支撑着超级城邦形式，使其在全球范围内保持高效运转并具备类似主权般的自治能力。

区块链与算法治理为超级城邦提供了新的信任和治理模式。例如，在Web3框架下，区块链和共识机制构建了"信任最小化"的分布式网络基础设施。Web3通过密码学、共识协议和机制设计来管理数字基础设施，无需依赖人类第三方的信任，实现所谓的"加密事实"（cryptographic truth）。在这样的系统中，治理规则和激励机制往往写入智能合约，由算法自动执行，决策过程公开透明且难以篡改。这些技术背景共同为超级城邦提供了跨越国家边界的"虚拟主权"基础，使得一个组织可以像拥有国土主权一样管理其全球用户和资源。

案例分析：区块链、平台与智能体

- 比特币网络： 比特币是第一个成功的全球去中心化货币网络，没有中央银行或单一管理者。它依托全球成千上万节点的点对点网络实现价值转移：任何人都可加入网络、验证交易，区块链账本对所有参与者公开。在这个网络中，数据由全网参与者共同维护，形成一种共识货币。比特币网络体现了城邦式组织的原型：它具有全球性、去中心化、规则透明等特点，但没有地理疆域，只靠算法达成共识。可以说，比特币为超主权数字社区提供了早期范例，其"信任计算"和无国界本质为超级城邦理念奠定基础。

- DAO自治组织： DAO（去中心化自治组织）是另一种典型的数字城邦模式。它没有中央治理机构，所有运行规则都写入区块链智能合约，由算法自动执行。比如众筹社区、去中心化金融或开源项目中的DAO，各利益相关方共同投票决策、分配资源。DAO强调透明与共识，任何人都可以验证组织的运作方式。这种结构让参与者成为类似"数字公民"的角色，通过持币或投票获得治理权。DAO本质上是一种以算法和数据驱动的自治网络组织，与传统企业管理截然不同。它展现了超级城邦治理的算法化方向：既是一群自治实体的联合体，又不依赖地理边界，而是依靠共识共管。

- Shopify生态系统： Shopify作为电商平台的代表，已经从建站工具演变为一个全球化的商业生态操作系统。某分析指出："Shopify不仅是一个电商网站建设者——它已经发展成为一个全球商业操作系统，为覆盖175+国家的数百万商家提供服务"。在这个生态中，平台方整合支付、物流、信贷等多种服务，为全球商户提供统一后端，商户可以轻松在不同国别开展业务。Shopify通过共赢模式与商户利益挂钩：随着商户增长，平台规模也随之扩大。这一案例展示了超级城邦的经济逻辑：平台通过技术连接跨境参与者，创造了无国界的市场，"只要商家成功，平台就成功"。

- TikTok全球运营：字节跳动旗下的TikTok（国际版抖音）被创始人张一鸣视作"无国界"的公司：他设想TikTok为一个平台，让来自不同背景和地区的用户自由连接和交流。TikTok采用全球统一的算法驱动内容分发，不受传统国界限制，其用户可以跨国家看到彼此创作的视频。同时，TikTok在组织内部也实行扁平化管理，鼓励跨部门协作与快速决策，以保持产品创新和全球快速扩张。这一模式下，TikTok既有如城邦般庞大的全球社群，也有平台化的治理机制，可视为超级城邦理念在社交娱乐领域的具体实现。

- OpenAI与微软的"混合模式"：OpenAI的案例则展示了超级城邦式治理与传统企业界限的模糊。OpenAI最初以非盈利形式成立，后创设了一个营利子公司来筹集资金，同时保持非盈利董事会对AGI（通用人工智能）方向的控制。他们承诺将所有研究成果向公众开放，只在安全前提下分享。微软对OpenAI投资数十亿美元，提供云计算资源，但OpenAI仍保持独立运营。这意味着OpenAI既有类似风险投资驱动的商业子公司的成长动力，也有由使命驱动的非营利核心来约束其长期战略。这种架构体现了超级城邦的特点：混合不同性质的制度安排，确保组织对外开放合作、对内坚持使命，并由算法和合同（合约）保证治理公正透明。OpenAI模式可以看作一种"半自治城市国家"：对内设有内部宪章（公众承诺），对外通过股权和协议链接强大伙伴，以自主方式追求使命。

组织逻辑：去中心化与智能协作

在超级城邦中，传统的金字塔层级逐渐被扁平的网络结构取代。研究指出，平台型组织"共生性具体表现为扁平化、无边界性、用户网络以及赋能"。也就是说，平台内的纵向管理层被压缩，不同部门信息壁垒被打破，组织对内外的响应能力更强。以TikTok为例，其内部保持开放扁平，鼓励跨职能团队快速决策，快速迭代创新。伴随AI技术的发展，组织更加分散与自治：AI自动化流程让基层团队具备更大决策权，员工可以自主利用智能工具完成任务，无需层层汇报批准。这一趋势下，"谁说了算"的模式被打破，扁平化组织能让各方即时交流互动，管理者、合作伙伴乃至同行业竞争者都可以实时分享信息、协同工作。同时，数据驱动成为组织运作的核心。大数据在平台生态中自由流通，流程自动化降低了对人工的依赖，组织借此能够将人力资源更多投入创新、协作等高价值任务。简言之，超级城邦以平台化而非层级化的方式组织团队，以智能协作和自动化取代人海战术，以数据驱动取代人工流程，使得协作效率和创新能力大幅提升。

市场逻辑：无界共治与价值共创

超级城邦的市场逻辑同样区别于传统公司。首先，它们本质上是无国界的经济共同体。企业不再局限于一个国家市场，而是利用互联网和平台技术吸引全球用户与合作伙伴。如TikTok的"无国界"愿景和Shopify的全球商家网络，都说明超级城邦具有跨越地域限制的能力。在市场治理上，超级城邦倾向于算法和规则自治：许多内部机制由智能合约或算法驱动执行，决策以透明规则为依据，无需传统意义上的行政审批。这种"算法治理"意味着平台生态的规则可以在链上公开审核，参与者按规则行事就能获得报酬或权益。例如DAO中的代币治理或平台积分体系，其运作机制都嵌入代码，自动调节各方利益。

此外，超级城邦强调利益共享与价值共创。平台与生态成员（包括用户、创作者、商户、开发者等）通常形成紧密的利益共同体：每个成员既是参与者又是利益相关者，资源在其间流动循环。如人民论坛分析指出，平台型组织是"组织和个人所组成的经济联合体"，不同主体打破边界、相互联结，形成紧密广泛的价值网络，实现利益共生与价值共创。这种机制下，每个成员都是"城邦公民"，通过贡献内容、服务或技术获取收益，又共同维护平台生态。整体来看，超级城邦采用了边际归纳而非传统利润最大化的模式：它们往往与生态中各方共享经济增长成果，并依托开放的平台规则不断拓展新需求和新价值。

趋势展望：数字宪法与公民时代

展望未来，超级城邦有望进一步演化为具备近似主权特征的数字化实体。企业/平台将不仅仅发布产品或服务，还可能为其全球生态制定"数字宪章"或"共同契约"，明确组织使命、治理原则和价值观。OpenAI宪章就是一个例证：其非盈利创始团队早在成立时就公开了《章程》，宣称要确保AGI造福全人类；这相当于一部跨越国界的公共责任宣言。未来，类似超级城邦可能通过代币、合约或社区契约的形式定义成员权利义务，吸引用户成为"数字公民"。这些数字公民既是共同体成员，也是治理参与者，他们的权益通过透明的规则和协议得到保障。

总体而言，未来的企业更像微型国家或城邦：它们拥有自己的组织"宪法"、治理机构和社群身份；内部决策与外部协作都由算法和公约支撑；全球公民（员工、用户、伙伴）在平台中共创共享价值。可以预见，新经济格局将由这样一个个超级城邦构成，它们共同构成国际化的数字秩序。正如互联网先锋所言，下一阶段的世界可能由网络国家（Network States）和类似超级城邦的组织主导，传统的国界效力将被相对削弱。在这种情况下，每个超级城邦都成为一个新的"主权单元"：既拥有自己的规则体系和经济主张，又通过数字连接与全球互联，成为塑造新时代经济与治理秩序的基本单元。

8

———

第八章 治理的重构—
数字城邦的主权与秩序

"代码即法律。"

—— 劳伦斯·莱斯格（LAWRENCE LESSIG）

引言

在 AI与区块链的时代，人类社会的治理模式正经历一场前所未有的颠覆。想象未来：在屏幕的另一端，人们通过算法议会、智能合约来决策，地理边界被加密身份取代，传统国家与企业的疆界变得模糊。数字城邦崛起，主权与秩序被重新定义。本章将带领读者穿梭于这一新秩序的演化进程，从国家、公司治理到平台主权、协议主权，探寻算法、共识、智能合约等技术基石如何构建新型自治体系。同时，通过BitDAO、Optimism、OpenAI宪章、波卡（Web3基金会）等案例，我们将揭示去中心化治理的实践逻辑；并分析算法偏见、治理攻击、规则僵化等风险；最后展望数字宪法、算法议会、虚拟身份和"网络国家"时代的未来愿景。

主权的演变：从国家到协议

传统世界的主权曾经属于领土上的国家：政府通过法律和武力维护边界和秩序。然而，随着经济全球化与科技进步，企业的权力日益上升，出现了类似"企业主权"的格局。更进一步的是数字平台的主导地位——布拉特顿（Benjamin Bratton）将这种由平台技术规则决定秩序的力量称为"平台主权"：这种秩序"源自于结构性的技术协议，将不同用户安置于不同的操作之中，并调节他们的行为"。以Facebook、阿里为例，它们通过算法与规则决定着亿万用户的基本行为准则，可视为新型的非领土主权。

而去中心化领域中，区块链协议本身蕴含着另一种主权概念："协议主权"。一些区块链项目认为，构建独立于现有公链的新链就等同于获得了协议层面的主权，但这并非万无一失。正如一篇分析文章指出，脱离已有L1公链追求协议主权"听起来像向前迈出的一大步，但却是一场没有保证回报的赌注"。换言之，离开一个成熟生态（拥有安全性、流动性和完善生态）去独立运行，将面临技术和用户习惯的巨大阻力。这一演进过程说明：数字时代的主权观发生了深刻变化——从领土到网络，从公司法到协议规则，权力的归属与行使方式不断被重塑。"数字主权国家"的提出者克里格（Boris Kriger）也强调：数字国家不受地理边界限制，而是建立在自愿参与、区块链规则和去中心化治理结构之上。

数字治理的三大基石：算法治理、共识机制与智能合约

未来自治体系的运行离不开三大技术基石。

- 算法治理：即以程序代码和算法来制定与执行规则。正如人们所期望的，"代码即法律"（Code is Law）理念将数字合约和算法视为无情的裁判，使治理"更加客观公正"。然而，这种理念也面临挑战：AI系统本身并非天生公正，它"仅仅和它被训练的数据一样不偏不倚"，一旦训练数据有偏差，就会导致不公平的决策。现实中，这意味着盲目依赖算法并不能自动解决偏见问题；相反，有人担忧被统计模型排除在"标准偏差"之外的个体将更加处于不利地位。因此，算法治理必须结合适当的监督和修正机制，否则会因隐性偏见而侵蚀去中心化的包容理念。

- 共识机制：在去中心化网络中，没有单一权威来裁定真伪，必须通过共识来决定状态更新是否有效。区块链网络的共识机制即为一套规则，使分布式节点就哪些交易或区块"被视为合法"达成一致。例如，比特币使用工作量证明（PoW）机制让节点通过算力竞争来确认新的区块，有效阻止"二次花费"（double spending），确保所有人都遵循同一套规则。共识机制不仅是技术协议，更是全网参与者共同认可的决策方式，是区块链去中心化信任的基石。

- 智能合约：指部署在区块链上的自动执行合同，其条款以代码写入，一旦触发即可自主执行。与纸质合同不同，智能合约可以"自动执行预先编程好的步骤"，无需人为干预。想象一下，卖货的自动售货机正是智能合约的早期范例：投入硬币，条件满足后自动给出商品。智能合约提高了透明度和效率，但也带来刚性：区块链一旦部署合约，其规则就几乎不可更改，这意味着合约一旦出错或环境变化，将难以灵活调整。这种不可篡改性一方面强化了信任（任何人都无法随意修改规则），另一方面也可能导致规则僵化，令系统难以适应新的需求。

DAO与去中心化平台的治理逻辑

以DAO（去中心化自治组织）为代表的新型组织，其治理逻辑具有显著特点：公开透明、自我演化与分布式制衡。

- 公开透明：DAO的一切提案、投票和财务流动都记录在区块链上，可供任何人审计。这不同于传统公司秘密运作的董事会议决或私下协议，而是一种类似"数据库可查询"的治理方式。如同公益组织GiveWell强调的透明度，DAO的"链上可审计性"正契合这一核心。任何人都可以看到投票结果、资金走向，确保治理过程公开可信。

- 自我演化：DAO通常内嵌渐进式去中心化设计。早期可能由核心团队或创始社区主导决策，随着成熟逐步让渡权力给全体持币者。在治理模式上，合约内可设置迁移路线图、社区可以通过提案不断调整规则，形成一种自我进化的过程。例如MakerDAO通过分阶段解锁治理权限、引入多个子DAO来逐渐分散决策权。总之，DAO是一种"边实践边迭代"的模式，社群对自身规则拥有持续的塑造权。

- 分布式制衡：为了避免权力集中，DAO治理常引入多种制衡机制。比如，波卡网络的OpenGov允许持币者针对不同议题委托不同代表投票，实现了所谓的"多角色代理"。BitDAO的财务则完全托管在Gnosis Safe多重签名钱包中，由社区指定的多个人共同签署才能动用资金。Optimism则创立了双议会模式：Token House由OP代币持有人组成，按持币投票；Citizens' House则由选出的社区公民（一人一票）参与决策。这种"代币民主+公民民主"的设计确保决策既考虑经济利益者的声音，也兼顾普通贡献者的诉求，防止权力被少数巨鲸或机构垄断。在整体上，去中心化平台通过多元主体协同与制度设计，实现了全新的分布式制衡结构。

AI在治理中的角色：自动决策、信任托管与规则执行

AI技术正在被引入新型组织的治理体系，扮演着助理裁判和"无形裁决者"的角色。

首先，AI可用于自动化决策和流程。许多DAO已经尝试用AI工具来辅助工作：它们利用AI分析提案、汇总意见、甚至为投票提供数据支持，从而降低人工成本、减少人为偏差。在某个报告中指出，DAO通过集成AI可以自动分析提案、投票机制和资源分配，提升效率并减少人力错误。例如，KlimaDAO、Gitcoin、Optimism等项目都尝试用智能算法来优化社区治理流程。AI使得去中心化组织能够在更大规模上运作：即使全球分散的持币者数量激增，也能保持决策的高效运转。

其次，AI有望成为信任的托管者与仲裁者。未来的数字城邦中，AI系统可以24小时不间断监控合约执行，及时发现恶意行为并触发安全程序。更为重要的是，有文章设想，数字国家可能会引入"基于AI和区块链的去中心化仲裁系统"，以保障决策过程的公平性和安全性。这个系统类似于一个自动的法庭：当社区对规则执行发生争议时，AI参考链上记录和算法规则，快速给出裁决。这种机制既有技术的透明性，也能避免人工干预带来的不信任。总之，AI在治理中既充当"自动化秘书"（如快速整理投票结果），也承担起"规则监督者"的角色，将治理从人为干预向自动执行推进。

典型案例：BitDAO、Optimism与其他数字自治

下面通过几个典型案例，观察数字城邦治理的实践面貌。

BitDAO：作为最大的DAO之一，BitDAO由BIT治理代币持有者掌控。社群成员可以在论坛提交提案，经BIT持币人投票通过后实施。BitDAO的核心基金会已经设计为完全社区管理：其国库资产由一个Gnosis Safe多重签名钱包托管，社区成员集体管理；BIT代币本身实际上是和Compound Finance的COMP代币类似的治理代币，支持委托投票和离线Snapshot投票。换言之，BitDAO摒弃传统层级管理，用完全开放的提案流程和多签托管实现了治理与资金使用的去中心化。任何BIT持有者都可以提出治理提案，获得一定支持后即由安全多签执行，这体现了透明民主与制度化制衡的治理逻辑。

Optimism Collective：作为以太坊上流行的Layer-2扩容项目，Optimism创新性地设立了两院制治理框架。代币议会（Token House）由OP代币持有人组成，他们负责代币相关的决议，如协议升级、财政预算等；公民议会（Citizens' House）则采纳"每人一票"的公民制，负责特定的公共物品资助决策。这一设计结合了基于财产的富豪治理和基于身份的民主制衡，避免将权力完全交给少数巨鲸。Optimism团队认为，这既确保了决策的专业度，又避免了权力集中："该模式不将权力交给一个或少数实体，保持协议具备抗审查性"。此外，Optimism还引入了诸如RetroPGF（回溯性公共物品基金）等机制，通过社区投票奖励早期贡献者，为生态发展提供持续动力。

OpenAI宪章：虽然OpenAI不是区块链项目，但其制定的公司宪章提供了一种技术公司自我治理的参考。OpenAI宪章明确提出，其首要任务是确保AGI（通用人工智能）"对全人类有利"，避免将AI权力集中于少数人手中。宪章中写道："我们承诺利用任何影响力确保AGI用于造福所有人，避免启用伤害人类或过度集中的用途"。此外，宪章还强调长期安全：如果出现其他团队在我们之前就要完成AGI，我们承诺停止竞争、开始协助。这些原则类似于一种治理框架，将公司行为与广泛的社会利益挂钩，体现了"协议层面的主权观"：即便是一个企业，也通过公开承诺来约束自身，兼顾创新与公共利益。

波卡网络（Web3基金会）：波卡是Web3基金会支持的多链协议，其治理也高度依赖去中心化原则。波卡社区完全采用链上治理：任何波卡（DOT）持有者都可以提案并投票决定网络升级或拨款。官方支持文档明确指出："从一开始，波卡就拥抱链上民主，让持币者为分叉升级和国库支出投票。社区对网络的未来有直接发言权"。更进一步，在新版OpenGov中，一旦投票通过升级提案，网络会自动执行该升级。这意味着开发者无法随意忽视社区意愿，整个升级过程完全透明、可审计：提出议案需要押金，投票需要锁定代币，满足支持率与通过率条件才能实施，最终自动上链生效。波卡体系中，治理决策不再是"建议"，而是真正具有法律效力的硬规则——社区投票决定什么就是什么。这种模式是数字城邦理念的直观体现：权力完全来源于共识，一旦通过就无法撤销，"原子化"地执行网络规则。

风险与伦理：算法偏见、治理攻击与规则僵化

数字治理的创新同时也带来新的风险和伦理挑战：

- 算法偏见：正如前文所述，算法并非天然公平。AI在治理中的运用必须警惕数据偏差对决策造成的影响。如同一位观察者所言，AI系统的判断"与它所训练的数据一样不偏不倚"，但这意味着若数据本身存在偏见，结果就会不公平。在去中心化社区里，这种偏见可能会让少数群体被算法边缘化，破坏多元共治的初衷。因此，需要对算法模型及其数据来源进行严格审查，确保规则执行中不出现隐含歧视。

- 治理攻击：去中心化并非完全免疫权力滥用。历史上已有多个DAO成为"治理攻击"的受害者。当某个实体通过集中持有代币或策动分票收割投票权后，就可能"通过对其个人利益有利而非社区利益的提案"来操纵决策。Compound等知名项目就遭遇过类似攻击。攻击者利用DAO对任何人开放的投票特性（代币可交易），快速集齐足够选票通过自利提案。这表明，只要投票权分布不均，治理系统就可能被精明势力利用。任何数字城邦都需面对这一现实，通过防刷票机制（如委托锁定、惩罚机制）和透明监督来化解风险。

- 规则僵化：智能合约不可变的特性既是优势也是隐忧。一旦社区制定的链上规则被写入代码后，想要修改就非常困难。如前所言，"由于区块链的不变性，修改智能合约要比普通软件高得多的成本"。这意味着即使发现原有规则不合时宜，调整起来可能要付出更大代价。有研究指出，当前正开发可终止和更易修改的智能合约架构，以应对这一问题。总之，一旦规则上链锁定，它在很长时间内都会僵化存在，对快速变化的现实环境形成挑战。

数字宪法、算法议会与"网络国家"

面向未来，我们可以展望一种更加制度化的数字治理：数字宪法、算法议会、虚拟身份和网络国家等概念将涌现并演化。

- 数字宪法：数字城邦可能会制定自己的宪法，并将其永久记录在区块链上。一份分析指出，数字国家的"基础法律文件——数字宪法被永久记录在区块链上，确保公开、不可篡改和抵抗操纵"。换言之，所有治理规则都如同法律一般公开透明，每次修改都可被溯源。这不仅提高了治理的可信度，也防止了幕后操纵：任何人都能查验条款，确保治理者遵循既定准则。

- 算法议会：随着人工智能水平提升，未来可能出现由AI或算法辅助的立法机构。想象虚拟议员：AI可以分析海量数据模拟政策效果，甚至以区块链投票确定优先级。虽然具体实践尚在探索，但阿拉伯-名言般，"别相信谁制定了算法，而要关心谁掌握了算法"，提醒我们对算法议会需保持警惕，并确保公众参与其中。总之，"议会"这一概念将不再局限于物理空间，而可能成为线上社区里的算法与人类共治的混合体。

- 虚拟身份与数字公民：未来，个人身份将更多基于密码学证明，而非护照地址。区块链上的去中心化身份（DID）系统让全球个体通过加密令牌获得公民身份：持有该令牌就能参与特定社区的治理和资源分配。与传统护照不同，这种身份无需迁徙就可享受法律保护和社会服务，实现了真正的"全球公民"理念。一旦全球范围推广，这些虚拟身份将构建起跨国界的新型政治网络。

- 网络国家（Network State）：Balaji Srinivasan等人提出的网络国家构想勾勒出类似蓝图：一个非地理的社区，通过共同价值观和技术协议打造新国家。克里格文章中对数字主权国家的定义亦指出：它"并非基于领土，也不受物理政治约束，而是通过区块链和去中心化协议来治理"。未来可能有多个这样的网络国家共存，每个都有自己的数字宪法和经济体系。它们不征税、不限制

流动，而是依靠算法决策、智能合约执行以及社区自愿参与来维
持运行。

总之，在AI和区块链浪潮推动下，数字城邦的治理正在重构：主权从传统政府延伸至平台和协议，治理基础从人治转向算法与共识，治理主体从单一机构扩展到全球分布的社区。创业者、企业家与公民皆可在这场变革中找到新的角色：或编写契约，或握持代币，或托管算法，共同塑造下一代的政治秩序。未来的治理，正在代码中崭露锋芒。

第九章 超级生态——个体、公司与城邦的协同演化

"独自一人我们能做的很少；团结在一起我们能做的很多。"

— 海伦·凯勒（HELEN KELLER）

在 AI技术和数字平台构建的新天域中，我们见证了一场前所未有的生态重组：超级个体、超级公司与超级城邦不再各自孤立，而是如星辰般彼此交织，形成了一个互为节点、共生共荣的数字大网络。它们既是生态网络中的节点，又彼此充当对方的"操作系统"，携手推动全球数字价值的再组织、再分配和再创造。本文将从定义三种力量、剖析各自优势与局限、探讨协同案例、分析网络效应、梳理风险张力，到提出战略建议等方面，系统阐释这一超级生态的进化逻辑。

三种力量：超级个体、超级公司与超级城邦

～

◆ 超级生态的三股力量

进入 AI 时代，社会的基本单元正在发生根本性转变。

- 在过去，国家与公司是全球治理和经济运行的主要力量，个体更多是依附的存在；

- 而今天，随着 AI 工具、数字平台和去中心化组织的普及，个体的力量被极大放大，"超级个体"应运而生；

- 与此同时，能够整合全球资源、掌握算力和资本的"超级公司"依旧是不可或缺的巨人；

- 更为前沿的是，在一些区域和虚拟世界中，正在出现"超级城邦"雏形，它们代表一种新的治理实验和社会形态。

这三种力量——超级个体、超级公司、超级城邦，不是相互排斥，而是共同组成了超级生态（Super Ecosystem）。它们的互动关系，将决定人类社会未来几十年的走向。

～

◆ 超级个体：被放大的个人力量

1. 定义与特征

超级个体并非传统意义上的"自由职业者"或"创业者"，而是通过 AI、平台和数字工具，将个人能力放大百倍甚至千倍的"增强人"。他们具备几个典型特征：

- 技能复合化：同时具备跨学科能力，能独立完成研发、设计、运营、营销等多重任务；

- 工具驱动化：掌握 AI 辅助写作、编程、设计、翻译等工具，效率远超传统劳动者；

- 市场全球化：通过平台直接与全球客户、用户互动，不再依赖单一市场。

换句话说，超级个体就是"一人公司"，甚至可以被看作一个"小型经济体"。

2. 超级个体的历史性跃迁

从"农耕个体"到"工厂工人"，再到"信息社会的知识劳动者"，个体的角色始终在演变。而在 AI 时代，超级个体首次具备了与公司对等的能力：

- 过去需要 50 人的团队，如今一个人借助 AI 即可完成；

- 过去需要跨国公司才能触达的市场，如今通过 YouTube、亚马逊、Upwork 即可进入；

- 过去需要多年积累的资本，如今通过数字金融和区块链工具即可获得。

超级个体的出现，让"个体"重新成为社会的基本生产单元。

3. 案例：超级个体的现实形象

- 程序员独立创业者：一名中国开发者利用 AI 工具，两周内开发出一款效率软件，在 App Store 上架，月收入超过 5 万美元。

- 短视频创作者：一名非洲青年通过 TikTok 展示舞蹈才艺，吸引数百万粉丝，获得广告分成和品牌代言。

- 远程设计师：一名数字游牧者通过 Upwork 接单，在巴厘岛生活，却为欧美公司服务，收入是当地平均工资的 10 倍。

这些案例证明：超级个体并不是遥远的未来，而是已经在全球各地蓬勃兴起的现实。

◆ 超级公司：资本、算力与全球平台的力量

1. 超级公司的定义

超级公司不仅仅是规模庞大的跨国企业，它们的特征在于：

- 资本集中：掌握全球范围的巨额资金，能够通过投资并购迅速扩张；

- 技术优势：控制关键技术和基础设施，如云计算、芯片、AI 模型；

- 网络效应：构建平台生态，把用户、开发者和劳动者牢牢绑定其中。

换句话说，超级公司是数字时代的"帝国"，它们既是市场的参与者，也是市场的制定者。

2. 超级公司的典型领域

- 科技巨头：如 Google、Apple、Amazon、Microsoft、Meta，它们主宰了搜索、操作系统、电商、社交和云计算。

- AI 公司：如 OpenAI、Anthropic、DeepMind，掌握大模型研发和训练的先机。

- 硬件巨头：如台积电、NVIDIA，提供全球 AI 算力和芯片基础。

- 平台型企业：如阿里巴巴、腾讯、字节跳动，构建庞大的应用生态，覆盖支付、社交、娱乐和零售。

这些超级公司已经不是单一行业的玩家，而是跨界扩张，形成全面渗透的"数字生态帝国"。

3. 超级公司的力量来源

◇ 资本力量

超级公司掌握的资本规模可媲美许多中等国家的 GDP，它们通过并购和投资不断扩张。例如，微软投资 OpenAI，不仅是资本注入，更是对 AI 生态的战略控制。

◇ 算力力量

在 AI 时代，算力就是生产力。NVIDIA 作为 GPU 的霸主，掌握了全球大部分高端 AI 芯片供应。亚马逊的 AWS、谷歌云、微软 Azure 提供全球计算和存储能力，成为数字经济的底层引擎。

◇ 平台力量

超级公司通过平台效应锁定用户与开发者。以苹果为例，其 iOS 生态圈吸引了全球数百万开发者，用户黏性极高，形成"软硬一体"的闭环。

4. 超级公司的双重角色

超级公司在数字生态中既是"基础设施"，也是"规则制定者"。

- 基础设施：它们提供算力、支付、云服务，让个体和小企业能够生存和发展。

- 规则制定者：它们通过算法、分成比例和内容审核，决定了个体能否被看见、能赚多少钱。

因此，超级公司是个体和小团队不可绕开的现实存在。它们是机遇的提供者，同时也是最大的约束者。

5. 案例：超级公司的现实力量

- 亚马逊：一方面为数百万卖家提供全球电商舞台，另一方面却通过算法推荐和物流控制，攫取了巨额利润。

- 苹果：通过 App Store 抽成机制，把开发者的生存与其规则绑定；但同时，iOS 平台也让无数创业者获得了机会。

- NVIDIA：随着 AI 浪潮，成为全球市值最高的硬件公司之一，它的 GPU 供应几乎决定了 AI 创业公司的生死。

这些案例表明，超级公司是数字时代的"巨鲸"，无数超级个体与城邦，都在其生态中游弋。

〜

◆ 超级城邦：新型治理与社会实验

1. 超级城邦的概念

超级城邦并非传统意义上的城市或国家，而是一种结合了技术治理、经济自治和数字社群 的新型共同体。

- 它可能是一个区域性特区，例如以数字经济和特殊制度吸引人才和资本；

- 它也可能是一个虚拟城邦，基于区块链、DAO 和元宇宙建立；

- 它更可能是两者结合：在现实世界有实体基础，在虚拟世界有数字映射。

超级城邦的核心，不是地理疆界，而是 制度创新与自治能力。

2. 超级城邦的三大要素

- 经济自治：拥有相对独立的税收、货币或结算体系，可以为个体和公司提供更灵活的经济环境。

- 技术驱动：以 AI、区块链、物联网为基础设施，实现治理的数字化和透明化。

- 社群凝聚：吸引全球的数字公民，通过共同价值观和利益绑定，形成强大的社群认同感。

这些要素让超级城邦既像城市，又像平台，更像"数字文明实验室"。

3. 超级城邦的现实雏形

- 新加坡：以开放的制度和灵活的经济环境，成为全球数字人才和资本的聚集地，被誉为"现实中的超级城邦"。

- 迪拜：通过区块链战略和免税区政策，吸引了大量数字企业和游牧公民。

- 爱沙尼亚：e-Residency 项目，让任何人都能成为"数字公民"，远程注册欧盟公司。

- 区块链虚拟城邦：如 Decentraland、CityDAO，这些完全虚拟的社群，尝试用智能合约治理社区。

这些实践表明，超级城邦不是空想，而是已经在全球范围内多点萌芽。

4. 超级城邦的意义

超级城邦是对传统国家与平台模式的补充和挑战：

- 对 国家 来说，它们是治理创新的实验田；

- 对 公司 来说，它们提供新的制度环境与市场；

- 对 个体 来说，它们是身份、经济和归属的新选择。

在未来，超级城邦可能成为全球治理的"第三支柱"，与国家和超级公司并列。

～

◆ 三种力量之间的关系：合作、竞争与共生

I. 合作：互补与共赢

超级个体、超级公司与超级城邦虽然各自独立，但在很多场景下形成互补：

- 个体与公司：超级个体依托平台获得流量与工具，公司依赖个体创新与创作维持生态。

- 公司与城邦：超级公司需要城邦提供制度创新与低成本环境，城邦需要公司带来资本与技术。

- 个体与城邦：超级个体在城邦获得数字身份、税务与社保支持，城邦通过个体的聚集增强自身活力。

这种合作关系，让三种力量形成了初步的生态雏形。

2. 竞争：权力与话语权之争

然而，合作背后也存在竞争与博弈：

- 个体与公司：个体希望独立，但平台公司常常掌握规则和分成机制，导致个体议价能力有限。

- 公司与城邦：超级公司可能绕过城邦，直接构建"公司城邦"，与区域治理模式形成冲突。

- 个体与城邦：部分个体担心城邦治理限制自由，甚至可能选择去中心化社群而非实体城邦。

竞争让三种力量之间的关系更加复杂，也推动制度不断演进。

3. 共生：生态正循环

尽管存在竞争，但最终三种力量往往走向 共生。

- 超级个体是创新源泉，带来活力；

- 超级公司是基础设施，提供算力和资本；

- 超级城邦是制度保障，提供规则与秩序。

三者如同"水、土壤和种子"：

- 个体是种子，

- 公司是水，

- 城邦是土壤，

- 三者共同作用，才能孕育出新的数字文明。

4. 案例：现实中的三方互动

- 硅谷生态：个体创业者在硅谷孵化公司，巨头投资并收购，地方政府提供政策和基础设施。

- 新加坡模式：城邦提供税收和法律优势，吸引超级公司设立总部，同时吸引个体自由职业者聚集，形成三方共生生态。

- 区块链世界：个体通过 DAO 创造创新项目，超级公司提供资金和平台支持，虚拟城邦通过制度和规则进行治理。

这些案例表明，三种力量的互动并不是零和，而是多维博弈下的共生关系。

5. 小结

超级个体、超级公司与超级城邦，是 AI 时代的三股核心力量。它们既合作，又竞争，但最终会趋向共生，形成一个不断演化的超级生态。

优势与局限：灵活、平台与治理

~

◆ 超级生态的平衡艺术

超级个体、超级公司与超级城邦构成的超级生态，并不是均势结构。每一种力量都有其不可替代的优势，同时也有内在的局限。如果只看到优势，而忽视局限，就可能导致生态失衡。

- 超级个体的优势在于 灵活与创造力，但局限在于规模脆弱、抗风险差；

- 超级公司的优势在于 平台与资本，但局限在于垄断倾向和规则不透明；

- 超级城邦的优势在于 治理创新，但局限在于试验性强、制度稳定性不足。

理解这些优势与局限，是构建健康超级生态的前提。

◆ **超级个体的优势：灵活与创造**

1. 高度灵活性

超级个体不受组织约束，可以根据市场需求和个人兴趣迅速转向。

- 程序员可以一周内从金融科技转到游戏开发；

- 自媒体人可以在热点话题出现时，迅速调整内容方向。

这种灵活性让超级个体成为快速创新的源泉。

2. 成本极低

超级个体往往是"轻资产"，一台电脑和几个 AI 工具即可创业。他们不需要庞大团队，也无需复杂流程。

这使得他们在试错时代价低廉，能以最小成本探索最大可能。

3. 个性化与创造力

超级个体的创造更具个性和多样性。不同于公司标准化生产，个体更容易推出小而美、独特化的产品和内容，满足长尾市场的需求。

◆ **超级个体的局限：脆弱与依赖**

1. 缺乏规模与抗风险能力

超级个体灵活，但也极度脆弱：

- 一次平台规则调整，就可能让收入归零；

- 一次健康或意外风险，就可能导致业务停滞。

他们不像公司那样有团队分工和风险对冲，生存高度依赖个人状态。

2. 议价能力弱

在与超级公司或平台博弈时，个体往往处于弱势。

- 平台抽成比例可能高达 30%，个体却无力谈判；

- 合同纠纷跨境难以维权，个体缺乏法律支持。

超级个体常常是 被动接受者，缺乏制度性保护。

3. 心理与社交压力

超级个体长期独立作业，容易陷入孤独与焦虑。

- 缺乏团队支持，创作压力完全由个人承担；

- 不稳定的收入加剧焦虑感；

- 数字社群虽能提供部分支持，但仍不足以替代面对面协作带来的归属感。

～

◆ 超级公司的优势：平台与资本

1. 平台效应与规模优势

超级公司最大的优势在于它们掌握了 平台。

- 网络效应：用户越多，平台的价值越大；开发者、消费者、劳动者被绑定其中，形成闭环。

- 资源聚合：平台汇聚海量数据、流量和交易，成为生态的核心入口。

- 标准制定：当一个平台足够大，它不仅参与市场，还能定义市场规则。

例如，苹果通过 App Store 制定了应用分发和抽成机制；亚马逊通过 Prime 服务重塑了电商物流标准。

2. 资本与算力的掌控

超级公司掌握巨额资本和算力，这是超级个体和小公司难以企及的。

- 资本优势：它们能通过并购迅速扩展，例如微软收购 GitHub、LinkedIn；谷歌收购 YouTube、DeepMind。

- 算力优势：NVIDIA、亚马逊 AWS、微软 Azure 掌控着全球核心算力资源，成为 AI 时代的"电网"。

- 研发优势：超级公司投入数十亿美元研发 AI、大数据和硬件，让它们在前沿技术上领先。

这种优势让超级公司成为数字社会的"基础设施提供者"。

3. 全球化与跨界布局

超级公司往往具备全球化能力：

- 全球市场渗透：字节跳动通过 TikTok 在全球迅速扩张，改变了媒体格局。

- 跨界整合：亚马逊既是电商平台，也是云计算巨头，同时涉足物流、影视。

- 政策议价能力：超级公司体量巨大，甚至能与国家博弈，影响国际政策。

这让它们在全球经济中拥有类似"数字超级大国"的地位。

~

◆ 超级公司的局限：垄断与不透明

1. 垄断倾向

超级公司由于掌握平台与资本，往往走向垄断：

- 市场封锁：App Store 对开发者 30% 抽成，让无数创业公司受制于苹果。

- 排他性生态：谷歌、Facebook 通过广告算法锁死流量入口。

- 并购竞争者：大型公司通过收购初创企业，消灭潜在威胁。

这种垄断让创新环境受到挤压，也限制了超级个体的成长空间。

2. 不透明的规则

平台公司常常以"黑箱算法"运作：

- 推荐机制不透明：用户和创作者不知道自己为什么被推荐或被埋没。

- 收益分成随意：YouTube、抖音等平台可以随时调整分成比例，创作者只能被动接受。

- 数据使用不透明：用户数据被收集、分析、交易，却很少获得知情权和收益权。

这种不透明导致了权力失衡，让个体处于被动地位。

3. 公众信任危机

超级公司越大，越容易引发社会质疑：

- Facebook 的"剑桥分析"丑闻暴露了用户数据滥用；

- 亚马逊被指控压榨卖家和物流工人；

- 谷歌、苹果因抽成与垄断问题面临反垄断诉讼。

这些危机削弱了公众对平台的信任，推动了全球范围的监管呼声。

4. 小结

超级公司凭借 平台、资本和算力 站在超级生态的核心，但其 垄断、不透明和信任危机 也是巨大的隐忧。它们的优势让它们成为不可或缺的基础设施，但它们的局限也提醒我们：如果没有制衡，超级公司可能从"赋能者"演变为"掠夺者"。

~

◆ 超级城邦的优势：治理创新与制度灵活

I. 制度创新的试验田

超级城邦最突出的优势在于，它们通常以"特区"或"自治区"的形式存在，能快速试验新的治理与经济制度。

- 税收与金融制度创新：新加坡、迪拜等地通过低税或免税制度吸引全球企业与人才；

- 数字身份制度：爱沙尼亚的 e-Residency 项目，让全球个体获得跨境数字身份；

- 区块链治理实验：CityDAO、Prospera 等项目尝试通过 DAO 与智能合约管理社区事务。

这种"边干边试"的模式，赋予超级城邦极强的灵活性与先行优势。

2. 吸引力与集聚效应

超级城邦往往成为人才、资本与技术的聚集地：

- 人才：数字游牧者愿意迁居到政策友好的城邦，形成新的全球人才流动模式；

- 资本：自由贸易区与数字特区吸引了大量跨境投资；

- 创新企业：初创公司选择城邦作为孵化地，以获得更灵活的监管与政策支持。

这让超级城邦成为新一代"创新港口"。

3. 多元治理方式

超级城邦的治理更加多元化：

- 政府、企业与公民之间的权责边界更灵活；

- DAO、区块链与智能合约进入治理实践；

- 公共服务更依赖数字化，行政效率更高。

这种创新治理模式，不仅吸引人，还为全球社会提供了宝贵的治理样本。

◆ 超级城邦的局限：制度不稳定与外部依赖

1. 制度不稳定

超级城邦往往规模有限，制度依赖实验性探索，缺乏长期稳定性：

- 一旦试验失败，个体与企业可能遭受损失；

- 制度过于依赖特定领导人或政策环境，难以形成持久结构。

这种脆弱性使超级城邦容易被外部环境冲击。

2. 外部依赖严重

超级城邦很难完全独立：

- 在安全上依赖大国保护，例如新加坡依赖美国与中国的区域平衡；

- 在经济上依赖全球市场与超级公司的投资；

- 在制度上需要不断与传统国家体系协调，否则可能被视为"制度飞地"。

这种依赖让超级城邦的可持续性存在疑问。

3. 社群认同不足

超级城邦的居民往往来自全球，缺乏共同历史与文化纽带：

- 数字身份虽能解决行政效率，却难以形成深层归属感；

- 在危机时，居民可能更容易"用脚投票"，导致集体凝聚力不足。

这使超级城邦在社会动员与长期认同感上存在局限。

4. 小结

超级城邦是治理创新的"前沿实验室"，其优势在于 制度灵活、创新吸引力与数字治理探索，但其局限在于 制度不稳定、外部依赖与社群认同不足。

这三大局限提醒我们：超级城邦虽具前瞻性，却需要与超级公司和超级个体形成互动，才能弥补自身短板。

◆ **三种力量的优势与局限横向比较**

1. 超级个体：灵活 vs 脆弱

- 优势：快速迭代、低成本试错、个性化创造力。超级个体是创新的"源泉"，能够捕捉长尾需求，创造独特价值。

- 局限：缺乏规模与抗风险能力，易受健康、政策和平台变化影响；议价能力低，心理压力大。

超级个体就像草原上的野花，顽强而绚烂，但容易在风暴中凋零。

2. 超级公司：资本平台 vs 垄断不透明

- 优势：平台效应强大，掌握资本、算力和技术资源；全球化布局让它们成为数字经济的"基础设施"。

- 局限：垄断倾向明显，规则黑箱化，社会信任危机不断；创新常被收购或压制。

超级公司如同参天大树，为生态提供庇护，却也可能因枝叶遮天，让小草失去阳光。

3. 超级城邦：治理创新 vs 稳定不足

- 优势：制度灵活，能快速试验新型治理模式；对人才和资本有强大吸引力；数字治理效率高。

- 局限：规模有限，制度缺乏长期稳定性；外部依赖强，社群认同感不足。

超级城邦如同温室里的实验田，能率先长出新芽，但能否抵御风雨，还需外部生态支持。

◆ 三种力量的互补性

- 个体带来创新，但需要公司提供平台、城邦提供制度；

- 公司提供基础设施，但需要个体带来创造力，城邦提供政策支持；

- 城邦提供制度框架，但需要个体和公司注入活力。

三者的关系，不是零和博弈，而是互相补位。

～

◆ 生态平衡的关键

超级个体、超级公司和超级城邦，各自的优势与局限，决定了它们无法独自承担未来社会的全部功能。

- 如果只有个体，社会会碎片化，缺乏稳定性；

- 如果只有公司，社会会僵化，创新活力被压制；

- 如果只有城邦，社会会局限，缺乏规模和外部支撑。

因此，超级生态的未来在于 三股力量的平衡与协同。只有在互补中实现共生，超级生态才能走向长期繁荣。

平台赋能个体，企业共创未来，城邦引入个体治理

～

◆ 三股力量的互动升级

在前两小节中，我们看到超级个体、超级公司与超级城邦各自的优势与局限。如果说它们只是孤立存在，那么超级生态无法形成自我循环。真正的关键在于：三者如何互相赋能。

- 平台是连接个体与公司、公司与城邦的关键桥梁；

- 企业的共创能力决定了未来产业的创新路径；

- 城邦的治理机制决定了个体能否真正融入更大体系。

这一小节将重点分析三者互动的逻辑：平台赋能个体 → 企业共创未来 → 城邦引入个体治理，形成协同演化的闭环。

◆ 平台赋能个体：数字时代的新土壤

1. 平台是超级个体的放大器

超级个体之所以能够被看见、被认可，往往离不开平台：

- YouTube、TikTok 等内容平台，让普通人有机会影响数百万受众；

- Upwork、Fiverr 等自由职业平台，让劳动者能跨越国界接单；

- Shopify、亚马逊等电商平台，让小商户能卖向全球市场。

没有平台，个体的创造可能只是"自娱自乐"；有了平台，个体的价值才能被放大并与全球市场相连。

2. 平台提供工具与基础设施

平台不仅是交易与传播的场所，更是"工具库"：

- AI 工具集成：越来越多平台内置 AI 辅助写作、翻译、视频剪辑工具，降低创作门槛；

- 支付与结算：平台提供全球化的支付体系，解决跨境收款难题；

- 合规与保护：平台在知识产权、合同托管等方面提供保障，减少个体风险。

这让超级个体能够"轻装上阵"，把精力集中在创作与创新上。

3. 平台构建社群与声誉系统

平台赋能个体的另一关键是 声誉与社群。

- 在自由职业平台，评分系统直接决定接单能力；

- 在内容平台，粉丝数与互动率决定了创作者的商业价值；

- 在开源平台，贡献记录就是技术声誉。

这些系统将"信任"嵌入平台，使陌生人之间也能高效协作。

4. 案例：平台赋能的典型故事

- 一名巴西平面设计师通过 Fiverr 逐步积累声誉，最终获得硅谷公司的远程长期合作；

- 一位中国农村的短视频创作者，通过抖音展示家乡生活，粉丝数百万，带动了农产品销售；

- 一个独立开发者在 GitHub 开源项目中贡献代码，被全球知名公司发现并聘用。

这些案例表明，平台不仅是市场，更是超级个体的"孵化器"。

～

◆ **企业共创未来：超级公司与个体协作的模式**

1. 企业与个体关系的历史转变

- 工业时代：企业雇佣个体，个体依附于企业，组织效率高，但创新不足。

- 信息时代：企业开始依赖外包与自由职业，个体获得更多灵活性，但仍处于弱势。

- AI 时代：超级公司与超级个体的关系逐渐演变为"合作伙伴"，企业依赖个体的创造力与灵活性，个体依赖企业的平台与资源。

这种转变，意味着未来企业的核心竞争力不仅在于资本和规模，更在于能否与全球个体实现 共创。

2. 超级公司与超级个体的共创模式

（1）开放式创新（Open Innovation）

企业通过开放平台，邀请个体参与研发与设计。

- 如苹果的 App Store，聚集了全球开发者共同打造应用生态。

- 特斯拉开放专利，鼓励外部工程师和企业推动电动车产业发展。

这种模式让企业快速获得外部创意和解决方案。

（2）平台经济（Platform Economy）

企业为个体提供基础设施，个体在其上创造价值，反过来增强平台吸引力。

- YouTube 依靠创作者创造内容，吸引用户与广告商；

- 亚马逊依靠第三方卖家扩展商品种类，形成庞大电商生态。

这是典型的 双边市场，个体和企业互为生态的两翼。

（3）远程协作（Remote Collaboration）

AI 与云计算让企业可以与全球个体进行远程协作。

- 微软、谷歌等公司通过自由职业平台雇佣全球人才；

- 初创企业通过 Upwork、Toptal 等平台快速组建跨国团队。

这种模式让企业获得弹性组织能力，快速应对市场变化。

3. 共创模式的优势

- 灵活性：企业可以根据项目需求快速配置人才，不必养冗余团队。

- 成本优势：远程个体的成本通常低于本地雇员，但效率和质量不一定低。

- 创新力：个体带来多元化的视角与创意，帮助企业突破"组织路径依赖"。

- 全球化：通过个体的分布，企业自然延伸到多个市场。

企业与个体的共创，让组织边界变得更开放，创新变得更敏捷。

4. 共创模式的挑战

- 治理复杂：个体分布全球，如何保证沟通顺畅与目标一致？

- 权力失衡：企业掌握资源和平台，个体往往缺乏议价权。

- 激励不均：企业可能借助共创吸收创意，但未能公平分配收益。

- 法律合规：跨境劳动关系在税收、社保、知识产权方面仍有灰色地带。

这些挑战提醒我们，企业共创不是自然而然发生的，它需要制度、技术和文化上的创新支撑。

5. 案例：企业与个体共创的现实实践

- 微软与 GitHub：微软收购 GitHub 后，形成企业与全球开发者的共创网络，推动开源与商业的结合。

- 字节跳动与 TikTok 创作者：平台与创作者共生，创作者提供内容，平台分发收益，双方共同塑造全球短视频文化。

- SpaceX 与自由工程师：部分工程任务通过全球协作解决，降低研发风险，加速创新。

这些案例表明，未来企业与个体之间的关系将更趋向 伙伴式合作，而非单纯的雇佣关系。

～

◆ 城邦引入个体治理：制度与社群共建

1. 为什么城邦需要个体治理

传统国家的治理模式强调 自上而下的统治，由政府制定法律、管理资源，公民更多是被动接受者。而超级城邦若想持续存在，就必须吸引并留住个体。

- 如果治理僵化，个体会"用脚投票"离开；

- 如果制度滞后，企业和资本会转向更灵活的地方。

- 因此，超级城邦必须把个体引入治理过程，让他们不仅是居民和劳动者，更是 共同治理的参与者

2. 个体治理的制度设计

（1）去中心化治理

- 超级城邦可以利用区块链与 DAO 机制，让个体通过持有代币或身份凭证参与投票。

- 治理议题包括税收分配、公共服务、投资项目选择等。

- 这让个体拥有"数字议会席位"，使治理更具包容性。

（2）数字身份与投票系统

- 借助去中心化身份（DID），确保每个参与者的投票权唯一且不可篡改。

- 使用智能合约自动统计和执行投票结果，避免腐败与暗箱操作。

（3）开放预算与资金透明

- 超级城邦的财政收入和支出通过链上账本公开透明，个体可以随时监督。

- 这不仅提升信任，也增强了个体的治理参与感。

3. 个体治理的社群路径

（1）价值社群驱动

- 超级城邦往往吸引特定价值观的人群（如环保、自由市场、区块链信仰者）。

- 在这种同质性社群中，治理更容易形成共识。

（2）公共讨论与协作

- 城邦建立在线议事厅，让个体随时提出议案、评论和改进建议。

- 社群通过论坛、Discord、Telegram 等工具，形成持续讨论氛围。

（3）激励机制

- 个体参与治理不仅是义务，还应获得激励：

- 投票或提出有价值议案的个体，可以获得代币奖励；

- 积极参与公共项目的人，获得社群声誉加分。

4. 案例：城邦治理的雏形

- 爱沙尼亚 e-Residency：虽然不是真正的城邦治理，但它赋予全球个体数字身份，让他们以"居民"身份参与经济活动。

- CityDAO：以区块链为治理工具，土地所有权代币化，持有人通过投票决定社区发展。

- Prospera（洪都拉斯特区）：尝试以特区模式吸引全球居民和投资者，允许他们参与制度设计。

这些案例说明，个体治理不仅是理论，而是正在被试验的现实。

5. 城邦引入个体治理的意义

- 增强黏性：当个体拥有治理权，他们对城邦的认同和忠诚度更高。

- 释放创造力：个体提出的创新方案可能超越政府和企业的思维局限。

- 分担责任：治理的压力被分散，城邦不再是单一政府的负担，而是社群共建的成果。

最终，超级城邦通过个体治理，实现了制度与社群的双重共建，成为超级生态中的独特力量。

～

◆ **三种互动的闭环：形成超级生态**

1. 平台赋能个体 → 创新源泉

平台降低了进入门槛，让超级个体得以快速成长。

- 个体通过平台获得工具、流量和支付通道；

- 创新由个体爆发，形成多样化的产品与内容；

- 个体创新反过来增强平台吸引力，形成正反馈。

这一环节使 创新的种子被不断播撒。

2. 企业共创未来 → 放大成果

当创新的种子生根发芽，超级公司与企业的共创成为放大器。

- 企业吸纳个体的创意和产品，将其规模化；

- 平台与公司共同打造完整的生态链条；

- 个体获得收益与曝光，公司获得新市场与活力。

这一环节让 创新的成果 得以快速复制与扩散。

3. 城邦引入治理 → 提供制度保障

个体和公司需要稳定、公平的制度环境，才能长期共存。

- 超级城邦提供数字身份、税收政策和法律框架；

- 社群治理让个体不再只是被动用户，而是治理参与者；

- 制度保障增强黏性，让生态可持续。

这一环节让创新的生态能够稳定延续，而不是昙花一现。

4. 闭环的正循环

三者的互动最终形成一个闭环：

- 平台让个体崛起；

- 企业放大个体的价值；

- 城邦为合作提供制度护航；

- 在此基础上，个体再次创新，推动企业和城邦升级。

这种循环就是超级生态的生命力所在。它并不是依靠某一个力量单独维系，而是三者之间的持续协同。

～

◆ 走向协同演化的未来

- 超级个体带来创新与灵活性；

- 超级公司提供平台与资本的放大器；

- 超级城邦提供制度与治理的实验田。

三者在互动中形成一个自我强化的生态闭环，推动社会进入协同演化的新阶段。

这意味着，未来的数字文明将不再由单一力量主导，而是 个体、公司与城邦三者合奏的交响曲。

网络效应：生态正循环的魔力

~

◆ 为什么网络效应是超级生态的核心

如果说"平台赋能个体"是超级生态的起点，"企业共创未来"是放大器，"城邦治理"是制度护航，那么支撑整个生态不断生长的 核心动力，就是网络效应。

- 网络效应指的是：随着用户、个体或节点数量的增加，整个系统的价值呈指数级上升。

- 在超级生态中，个体、公司和城邦的互动越频繁，整个生态越强大，吸引力越大。

网络效应的力量在于 正循环。一旦循环启动，生态会自我强化：更多用户 → 更强吸引力 → 更多创新与资本 → 更强制度与服务 → 再吸引更多用户。

这就是所谓的 "生态魔力"。

~

◆ 网络效应的基础概念

I. 直接网络效应

这是最基础的网络效应：用户越多，单个用户的价值越大。

- 例如，电话网络：当只有两部电话时价值有限，但当电话遍布全球，每个用户的价值成倍增长。

- 在超级生态中，超级个体数量越多，他们之间的连接与协作机会越多，平台和公司也更有价值。

2. 间接网络效应

间接网络效应指的是，一个群体的增长提高了另一个群体的价值。

- 例如，开发者越多，应用越丰富，吸引更多用户；用户越多，又吸引更多开发者。

- 在超级生态中，个体越多，公司越愿意投入；城邦提供更优政策，又反过来吸引个体。

3. 数据驱动的网络效应

AI 时代独特的网络效应：数据越多，算法越准；算法越准，吸引越多用户；用户越多，又产生更多数据。

- 例如，TikTok 的推荐系统依赖庞大用户数据，越用越精准，越能锁住用户。

- 在超级生态中，数据网络效应让平台和城邦获得不断增强的治理与创新能力。

4. 社群网络效应

社群的价值取决于其成员的互动与贡献。

- GitHub 上的开发者越多，协作越频繁，平台越有吸引力；

- DAO 成员越活跃，治理越透明，吸引力越强。

这种社群效应是超级生态中 黏性与归属感 的来源。

◆ 超级个体中的网络效应

I. 个体协作的乘数效应

当一个超级个体能与另一个超级个体连接，他们的产出往往不是 I+I=2，而是 I+I > 2。

- 例如，一位程序员与一位设计师合作，可以在极短时间内打造一款完整的产品；

- 当这种合作关系规模化，就会形成"分布式工作坊"，推动整个生态活跃。

2. 声誉驱动的连接

超级个体的网络效应很大程度上依赖于声誉系统。

- GitHub 上的贡献记录让开发者更容易找到志同道合的伙伴；

- 自媒体平台上的粉丝群体让创作者之间形成互推网络。

- 声誉积累越深，网络效应越明显。

3. 创新扩散

当超级个体率先尝试一种新模式或新产品，他们的经验很快通过网络扩散，引发"模仿创新"。这种模仿并非负面，而是推动整个生态进步的动力。

◆ 超级公司中的网络效应

I. 平台双边市场

超级公司的平台模式天生具有网络效应：

- 更多消费者 → 吸引更多卖家；

- 更多卖家 → 吸引更多消费者。

- 这种双边市场效应，使平台快速形成垄断地位。

2. 数据与算法的正循环

超级公司拥有庞大用户群体，能够收集更多数据，训练更精准的算法。算法的精准性又反过来提高用户体验，吸引更多用户。

这是典型的 数据驱动型网络效应，形成"赢家通吃"的局面。

3. 生态锁定

当平台的应用和用户足够多，就会形成生态锁定。

- 开发者不得不在主流平台发布应用；

- 用户难以脱离现有平台转向其他选择；

- 这种网络效应既是优势，也是风险，因为它可能抑制多样性。

～

◆ 超级城邦中的网络效应

1. 人才与资本的集聚

城邦越成功，就越能吸引人才和资本，而人才和资本越集中，城邦的创新力和影响力就越强。

- 例如，新加坡凭借高效治理与开放政策，吸引了大量企业和精英人才；

- 爱沙尼亚的数字身份政策让它成为创业者和数字公民的聚集地。

2. 制度吸引力

当城邦的制度创新被验证有效，就会吸引更多居民、企业和社群前来尝试，形成制度层面的网络效应。

- 一个好的税收制度不仅留住本地居民，还会吸引国际游牧公民。

3. 社群认同感的扩散

城邦网络效应的最终体现是认同感外溢：

- 当居民在社群治理中获得积极体验，他们会主动宣传并吸引更多人加入；

- 这种口碑扩散让城邦快速积累社会资本，提升竞争力。

~

◆ 网络效应的层层叠加

1. 从个体到公司：创新的涌现

当超级个体之间的合作频繁发生，就会催生新的创意与产品。

- 这些创意往往先以"小而美"的形式出现；

- 随着市场验证，逐渐被超级公司吸收、放大并规模化；

- 公司将这些创新投入更大范围的市场，形成产业级的突破。

这就是"从个体到公司"的网络效应：个体创新的火花汇聚，点燃了公司生态的火焰。

2. 从公司到城邦：资本与制度的循环

当超级公司规模足够大，它们不仅需要市场，还需要稳定的制度环境。

- 城邦通过优惠政策、数字身份、灵活的治理模式吸引公司落地；

- 公司带来资本、就业与技术，推动城邦发展；

- 城邦的成功又吸引更多个体与企业，形成新一轮的循环。

这是"从公司到城邦"的网络效应：企业的聚集效应反过来强化了城邦的治理与吸引力。

3. 从城邦到个体：制度反哺创新

当城邦治理成熟，它不仅服务企业，还会回馈个体。

- 个体通过数字身份获得跨境合法性；

- 游牧公民可以在城邦享受税收与社保支持；

- DAO 等去中心化治理模式，让个体直接参与城邦规则制定。

这种"制度反哺"让个体更加安心投入创新，形成良性循环。

4. 正循环的闭环逻辑

- 个体创新 → 公司放大 → 城邦护航 → 个体再次创新。

- 每一层的增强，都会推动另一层的成长。

- 当三层同时强化时，网络效应叠加，超级生态进入指数级扩张。

这就像一个三重螺旋：个体、公司与城邦彼此缠绕、相互增强，推动整个生态向前。

5. 案例：现实中的叠加效应

- 硅谷：个体创业者涌现 → 风险投资公司放大 → 地方政府与制度提供支持 → 创新再爆发。

- 新加坡：自由贸易与数字政策吸引超级公司 → 形成创新产业集群 → 吸引全球个体与人才 → 制度持续优化。

- 区块链生态：个体开发者创新协议 → 公司放大应用场景 → 去中心化社区治理反哺制度 → 更多个体参与。

这些案例表明，网络效应不仅是数学上的概念，更是现实中推动超级生态不断扩张的核心力量。

～

◆ 网络效应的风险：当魔力变成陷阱

1. 泡沫效应

网络效应在早期能够快速吸引用户和资本，但也可能带来"繁荣的假象"：

- 当用户增长成为唯一指标，平台容易忽视长期价值创造；

- 投资过度涌入，推高估值，导致脱离实际的泡沫；

- 一旦用户增长放缓或转移，泡沫破裂，生态遭遇重创。

案例：部分加密货币和 NFT 平台在短时间内用户暴增，价格暴涨，但由于缺乏真实应用场景，最终迅速崩盘，留下大量受害者。

2. 锁定效应

网络效应往往带来"赢家通吃"，但这同时意味着用户和个体可能被平台"锁定"：

- 用户锁定：当所有朋友都在某个平台上时，你很难离开，即使不满也只能忍受；

- 开发者锁定：应用生态绑定平台，开发者必须跟随平台规则，缺乏选择；

- 劳动者锁定：自由职业者依赖单一平台接单，算法调整就可能失去生计。

这种锁定削弱了竞争与多样性，让生态失去了活力。

3. 不平等效应

网络效应往往会加剧不平等：

- 头部效应：流量和资源容易集中到少数头部用户或公司；

- 长尾边缘化：大部分个体只能在边缘挣扎，很难获得曝光和收益；

- 地区不平衡：数字鸿沟导致部分国家和人群被排除在外。

这会导致超级生态内部的分化：少数"赢家"获得巨大收益，而多数"跟随者"难以分享到网络效应的红利。

～

◆ 应对风险的路径

1. 多平台战略

个体和企业应避免过度依赖单一平台，通过多平台分发、多渠道合作降低锁定风险。

2. 制度监管

城邦和国家应出台反垄断法规、数据透明要求，避免平台形成"数字帝国"。

3. 社群自律

通过 DAO 和社区治理，让更多个体参与规则制定，推动资源分配更公平。

4. 技术解锁

利用互操作协议和去中心化技术，打破平台壁垒，让数据和身份能够自由迁移。

∽

◆ 魔力与警醒

网络效应是超级生态的发动机，它能带来指数级增长和正循环。但一旦失控，也可能变成泡沫、锁定和不平等的陷阱。

真正可持续的超级生态，需要在享受网络效应带来的红利的同时，建立足够的制衡机制。

风险与张力：冲突、依赖与回潮

∽

◆ 超级生态的另一面

在前几节中，我们强调了超级生态的优势与正循环，但任何系统都存在阴影面。

- 当超级个体、超级公司与超级城邦互动不畅时，就会产生 冲突；

- 当某一方力量过于强大时，其他力量就会陷入 依赖；

- 当外部环境剧烈变化时，生态可能出现 回潮，即逆向发展或退化。

这些风险和张力是超级生态中不可避免的结构性问题。如果不能妥善应对，它们可能让整个系统失去平衡。

～

◆ 冲突：三种力量的博弈

1. 个体与公司的冲突

- 收益分配：创作者与平台的分成比例常常成为矛盾焦点，例如 YouTube 与博主之间的广告分成纠纷。

- 话语权之争：个体希望有更多透明度和控制权，但公司更倾向于掌握算法与规则。

- 创新与收编：个体的创新成果常常被公司收购甚至同化，导致个体失去独立性。

2. 公司与城邦的冲突

- 监管博弈：城邦希望通过政策约束超级公司，但公司可能通过资本与影响力反制。

- 税收矛盾：公司希望享受优惠政策，城邦需要财政收入，双方利益难以平衡。

- 文化冲突：跨国公司进入城邦时，可能与本地价值观、治理模式产生摩擦。

3. 个体与城邦的冲突

- 制度适配：数字游牧者希望自由，但城邦治理需要秩序，二者存在天然张力。

- 身份冲突：个体拥有多重身份（国家公民、平台用户、城邦居民），在权责认定上容易模糊。

- 利益分歧：个体希望降低税负，而城邦需要维持公共财政，这也是不可调和的矛盾点之一。

~

◆ 依赖：超级生态中的单边倾斜与脆弱性

I. 个体对平台与公司的依赖

超级个体虽然灵活，但大多数生存于平台和公司提供的土壤之上。

- 算法依赖：创作者必须依赖平台推荐系统才能获得流量，一旦算法规则变化，流量与收入可能瞬间蒸发。

- 支付依赖：跨境自由职业者依赖 PayPal、Stripe、Upwork 等平台收款，一旦账户被冻结，收入来源立刻中断。

- 生态依赖：独立开发者依赖苹果或安卓生态，必须遵守抽成与审核规则。

这种依赖关系让超级个体始终处于不对称的结构中，难以实现真正的独立。

2. 公司对城邦与政策的依赖

超级公司表面上掌握强大资源，但也有脆弱性：

- 政策依赖：科技巨头需要城邦或国家的政策许可才能扩展市场。数据安全、隐私保护、反垄断等法律，随时可能改变它们的商业模式。

- 人才依赖：公司必须依赖全球人才流动，限制签证或跨境协作都会带来打击。

- 资本依赖：再庞大的公司也需要外部投资者和金融市场支持，全球金融环境动荡会让它们陷入困境。

因此，超级公司并非完全"无敌"，而是高度依赖于城邦和国际规则的支撑。

3. 城邦对外部生态的依赖

超级城邦看似独立，却是最容易受到外部冲击的力量：

- 经济依赖：大部分城邦体量有限，财政收入高度依赖跨国企业和外来资本。

- 安全依赖：在地缘政治格局中，小型城邦往往依赖大国保护才能维持稳定。

- 认同依赖：城邦吸引的居民多为游牧公民，忠诚度相对较低，一旦制度或环境失去吸引力，人口可能快速流失。

这种依赖让城邦的前景充满不确定性，尤其在外部冲突和全球化逆流时。

4. 单边依赖的风险逻辑

当某一方依赖另一方时，就可能形成权力不对称：

- 个体对平台的依赖，可能导致"数字农奴制"；

- 公司对政策的依赖，可能导致与国家的长期博弈；

- 城邦对外部的依赖，可能让它们沦为"制度飞地"。

依赖关系如果不被平衡，就会成为超级生态最脆弱的环节。

5. 案例：依赖引发的危机

- YouTube 创作者危机：算法调整导致大量中小创作者收入骤减，出现"创作者出走潮"。

- Meta 与欧盟的监管博弈：欧盟 GDPR 法规限制数据跨境，直接影响 Meta 的核心广告业务。

- 香港的金融地位挑战：在全球博弈中，外部依赖加大，使其作为国际金融城邦的地位波动。

这些案例说明，依赖并不是暂时问题，而是超级生态必须面对的长期张力。

～

◆ 回潮：当生态逆流与退化发生

I. 什么是"回潮"

在超级生态中，"回潮"指的是原本向前发展的正循环突然逆转，出现退化、收缩或倒退的现象。

- 个体可能从自由走向被再次束缚；

- 公司可能从开放共创走向垄断收编；

- 城邦可能从治理实验回到传统依赖。

- 回潮不是偶然，而是生态中的一种潜在趋势，往往由外部冲击或内部失衡引发。

2. 个体层面的回潮

- 自由丧失：当平台加强控制，个体可能从"自由创作者"退回到"算法雇员"。

- 碎片化困境：个体过度依赖短期项目，缺乏长期积累，最终陷入"数字农民工"困境。

- 焦虑回潮：原本以为数字化能带来解放，但信息过载与不稳定收入让个体回到焦虑与被动状态。

3. 公司层面的回潮

- 封闭化：部分公司在初期开放生态，但在成长后逐渐收紧权限，例如 API 收费化、分成比例上调。

- 同质化：过度追逐短期利润，导致创新活力下降，生态停滞。

- 外部打击：如反垄断诉讼、政策禁令，使公司被迫收缩全球布局。

这让公司可能从"创新平台"退化为"利益堡垒"。

4. 城邦层面的回潮

- 政策摇摆：当经济环境恶化或外部压力加大，城邦可能放弃制度创新，回归传统管制。

- 资本撤离：如果吸引力下降，资本和人才会迅速撤出，导致生态崩溃。

- 认同瓦解：居民缺乏深度认同感，危机时选择迁离，导致"空壳化"。

城邦的回潮往往最为迅速和剧烈，因为其规模小、抗风险能力弱。

5. 历史与现实案例

- 互联网开放到封闭的回潮：早期互联网倡导自由与开放，后来逐渐被平台垄断和商业化收编。

- 共享经济的回潮：滴滴、Uber 曾被誉为自由劳务新模式，但最终在监管与资本压力下回归传统雇佣逻辑。

- 区域特区的回潮：部分发展中国家的经济特区，在初期吸引资本，但因政策不稳定或腐败问题，最终失去活力。

这些案例说明，回潮是超级生态中的常见现象，甚至是一种周期性规律。

6. 回潮的启示

- 超级生态不是单向发展的乌托邦，而是随时可能 前进与倒退并存；

- 个体需要多元渠道，避免依赖单一平台；

- 公司需要在开放和商业化之间找到平衡；

- 城邦需要长期稳定的制度，而不是短期激励。

唯有认识到回潮的可能性，生态参与者才不会在繁荣时盲目乐观，而能在危机时保持韧性。

∽

◆ 如何缓解冲突、化解依赖、防范回潮

1. 缓解冲突：建立多元协商机制

超级生态的冲突来自三方博弈：个体—公司—城邦。要缓解冲突，需要协商与透明：

- 平台透明化：算法与分成规则公开，减少信息不对称；

- 城邦法治化：通过制度保障个体与企业的公平权利，防止权力过度倾斜；

- 个体组织化：个体通过数字工会、创作者联盟提升议价能力。

冲突不是要消除，而是通过协商机制转化为建设性张力。

2. 化解依赖：推动去中心化与多元渠道

依赖的根源在于权力与资源集中。化解依赖的路径是多元化：

- 多平台战略：个体和企业同时使用多个平台，减少被单一生态"绑架"；

- 去中心化技术：利用区块链、Web3 技术，让身份和数据可携带，避免平台锁定；

- 城邦合作网络：不同城邦建立互认机制，让个体与企业拥有更多选择。

通过分散依赖，超级生态才能保持长期韧性。

3. 防范回潮：制度创新与文化培育

回潮往往源于外部冲击或内部失衡。防范回潮需要制度与文化的双重支撑：

- 制度创新：建立动态更新机制，让制度随环境变化而调整，避免僵化。

- 长远激励：不仅依靠短期优惠，而是通过教育、基础设施和社群认同来增强黏性。

- 文化培育：营造共同价值观，增强归属感，让居民和用户在危机中不轻易流失。

制度提供"硬支撑"，文化提供"软凝聚"，两者结合才能防止生态退化。

❧

◆ 在张力中前行

超级生态不是一条平坦大道，而是充满 冲突、依赖与回潮 的复杂系统。

- 冲突提醒我们权力的博弈不可避免；

- 依赖提醒我们要分散风险，避免单边倾斜；

- 回潮提醒我们繁荣并非永恒，必须保持警惕与创新。

真正健康的超级生态，不是没有张力，而是能在张力中保持动态平衡。

构建自主共生的数字生命体

❧

◆ 从生态到生命体

超级生态的最终目标是什么？

答案是：不仅仅是一个"生态系统"，而是一个能够 自主进化、动态平衡、持续繁荣 的数字生命体。

- 生态是"关系的集合"，它依赖外部环境维持；

- 而生命体则具有"自我维持与自我演化"的能力。

当超级个体、超级公司与超级城邦在协同演化中逐渐形成稳定的循环，他们就不再只是外部拼凑的系统，而是拥有自主性与共生性的生命体。

❧

◆ "数字生命体"概念的提出

1. 为什么称之为"生命体"

- 自组织性：个体和公司无需中央指令，就能通过市场与社群规则形成秩序。

- 自我修复：当某个部分失衡，系统会通过反馈机制调整，例如 DAO 社群能通过投票纠正治理问题。

- 自我繁殖：创新项目和新平台不断诞生，相当于生命体的"新细胞"在增殖。

- 演化能力：在外部环境变化（技术革新、政策波动）时，生态能快速适应和迭代。

这些特征与自然界的生命体极为相似，因此我们可以把超级生态看作一种数字生命体。

2. 自主共生的关键内涵

"自主共生"包含两层含义：

- 自主：系统具备自我调节与进化的能力，不完全依赖外部干预。

- 共生：个体、公司与城邦并非零和博弈，而是在竞争与合作中找到平衡，共同繁荣。

只有自主与共生同时实现，超级生态才能进化为真正的数字生命体。

◆ 历史与现实的类比

- 工业城市的兴起：在工业革命时期，城市不仅是地理空间，更像生命体，集聚人口、资本、技术，产生自我循环。

- 互联网生态的成长：从最初的开放网络到如今的平台体系，互联网也在不断演化出类似生命体的特征。

- 区块链社群的实验：DAO 与加密社群已初步展现出"自我治理与演化"的能力，虽不成熟，但方向清晰。

这些历史与现实的案例表明：超级生态向生命体的转化，并不是空想，而是正在发生的趋势。

～

◆ **数字生命体的结构：三个层级的类比**

1. 超级个体：生命体的"细胞"

在自然生命体中，细胞是最基础的单位；在数字生命体中，超级个体就是最小的功能单元。

- **多样性**：细胞有神经元、肌肉细胞、免疫细胞；超级个体也有程序员、设计师、创作者、治理者。

- **独立性**：单个细胞具备基本的新陈代谢功能；超级个体也能在最小规模下维持自给自足的"微型经济"。

- **互联性**：细胞之间通过信号传递保持协调；超级个体通过平台、社群和区块链实现信息与价值的交换。

当超级个体数量足够多且互动频繁时，就能支撑整个数字生命体的活力。

2. 超级公司：生命体的"器官"

如果个体是细胞，那么超级公司就是 器官。

- **功能性**：心脏泵血、肺脏呼吸、肝脏解毒；同样，超级公司承担着算力提供、平台搭建、资金供给、技术研发等专门化功能。

- 复杂性：器官内部由无数细胞组成；公司内部也由大量个体和团队构成。

- 协调性：器官之间必须协同，生命体才能健康；超级公司之间的合作与竞争，也决定了生态的整体运行效率。

公司作为"功能模块"，让个体的创新能够规模化放大，让城邦的制度能够快速落地。

3. 超级城邦：生命体的"神经系统"

在自然生命体中，神经系统负责 协调与治理；在数字生命体中，超级城邦扮演类似的角色。

- 身份与规则：城邦提供统一的数字身份体系和治理规则，相当于"神经编码"；

- 资源调配：城邦通过税收、政策和社群治理分配资源，相当于"神经信号传导"；

- 反馈与修复：当生态出现失衡时，城邦通过制度调整修复，相当于神经系统的反馈机制。

没有城邦的治理协调，个体与公司可能陷入无序竞争，导致生命体的"神经失控"。

～

◆ **三者如何构成整体**

- 个体是基础：没有细胞，生命体无从谈起；超级生态的创造力来自无数个体的活力。

- 公司是功能模块：器官赋予生命体专业能力；公司让个体与资源的结合更高效。

- 城邦是治理枢纽：神经系统维持协调与稳定；城邦让整个生态形成有序的整体。

当这三层结构协调运行时，数字生态不再只是外部拼接的集合，而是有机的、可持续演化的生命体。

～

◆ 自主性：数字生命体的自我调节与自我修复

I. 自主性的必要性

一个真正的生命体，必须能够在没有外部指令的情况下维持基本功能。

- 在自然界，生物能够通过代谢和免疫系统维持生存；

- 在数字生态中，如果一切依赖外部干预，那么它只是一套"系统"，而不是"生命体"。

因此，自主性是数字生态向生命体进化的标志。

2. 自我调节：反馈机制的建立

数字生命体的自我调节体现在反馈机制上。

- 个体层面：创作者根据用户反馈和算法推荐调整作品，形成自适应迭代。

- 公司层面：平台通过数据实时监测用户行为，优化算法和商业模式。

- 城邦层面：DAO 或数字治理系统根据居民投票和提案，动态修订制度。

这种反馈让系统具备了环境适应性，能够随着需求和变化自动优化。

3. 自我修复：应对危机的韧性

当系统出现漏洞或冲击时，自我修复机制能避免整体崩溃：

- 技术修复：区块链的分布式结构使得单点攻击难以瘫痪整个网络；

- 社群修复：当平台出现争议，社区可以发起 Fork（分叉），建立新规则；

- 制度修复：当治理机制失灵，城邦居民可以通过投票更换治理团队。

这种修复能力让数字生命体在遭遇外部冲击时，能够像生物一样"受伤但不死亡"。

4. 自我繁殖与进化

生命体的另一特征是能够产生"新个体"，数字生命体也具有类似能力：

- 新的超级个体不断加入，为生态注入新血液；

- 新的公司和初创企业诞生，成为新的"器官"；

- 新的城邦实验出现，补充或替代旧的治理模式。

这种不断生成新元素的能力，使生态不会停滞，而是持续演化。

5. 案例：数字生命体的自主性雏形

- 比特币网络：没有中央管理者，但通过共识机制维持十多年稳定运行，自我调节和自我修复能力显著。

- Linux 社群：任何人都能参与开发，漏洞被发现后全球开发者迅速修复，展现了强大的自愈能力。

- 爱沙尼亚 e-Residency：居民身份完全数字化，制度能够随时调整，体现了制度层面的自适应。

这些案例说明，自主性不再是理论，而是已经在不同层面展现的现实。

～

◆ 共生性：竞争与合作中的动态平衡

1. 为什么共生是核心

在自然界，物种之间的关系不仅仅是竞争，还有寄生、互利共生、协同进化。一个健康的生态系统，往往是通过 竞争与合作的平衡实现长期繁荣。

数字生命体也是如此：

- 个体之间既有竞争（争夺流量、订单），也有合作（协同开发、共同治理）；

- 公司之间既有竞争（市场份额、技术标准），也有合作（产业联盟、联合研发）；

- 城邦之间既有竞争（政策吸引力、人才争夺），也有合作（区域协定、制度互认）。

共生性就是要在这种张力中找到动态平衡，让系统整体更有韧性。

2. 个体层面的共生

- 协作型共生：程序员、设计师、营销人员组成临时团队，短期协作完成任务。

- 社群共生：开源社区中，个体贡献代码，共享知识，最终每个人都从集体进步中受益。

- 声誉驱动的循环：个体帮助他人积累声誉，声誉反过来成为未来合作的通行证。

这种共生关系让个体即使在竞争中，也能通过合作获得长期收益。

3. 公司层面的共生

- 产业联盟：例如芯片产业链中，设计公司、制造公司、封测公司必须合作才能完成整个流程。

- 平台生态：超级公司为开发者提供工具和分发渠道，开发者反过来丰富平台。

- 跨界合作：科技公司与医疗、能源等传统产业合作，推动新领域突破。

公司层面的共生是产业进步和规模化的关键。

4. 城邦层面的共生

- 制度互认：不同超级城邦可以建立跨境数字身份互认，让居民自由流动。

- 区域合作：东盟、欧盟模式都体现了区域城邦之间的共生逻辑。

- 资源共享：一个城邦提供税收优惠，另一个城邦提供科研平台，形成互补。

城邦之间的共生，使制度创新更具全球化影响力。

5. 三方共生的闭环

当个体、公司和城邦三者之间形成 三重共生 时，数字生命体才能真正稳固：

- 个体创造 → 公司放大 → 城邦护航 → 个体再次创造；

- 公司扩张 → 依赖人才与制度 → 反哺个体与城邦；

- 城邦治理 → 吸引个体与公司 → 提升整体认同感与创新力。

这种循环的稳定性，决定了数字生命体能否长期存续。

6. 案例：现实中的共生雏形

- 硅谷模式：个体创业者 → 风险投资公司 → 地方政府政策支持 → 形成创新集群。

- 新加坡城邦：灵活制度吸引企业 → 企业创造就业与财富 → 个体找到机会并反哺社群。

- 区块链 DAO：开发者（个体）贡献代码 → DAO 提供治理与激励 → 企业应用落地 → 形成更大生态。

这些现实案例表明，共生不是乌托邦，而是已经存在的运作逻辑。

～

◆ 未来展望：数字生命体的持续演化

1. 技术进化的推动

数字生命体将随着技术进步不断演化：

- AI 自主智能体：未来不仅是人类个体，AI 智能体也可能成为生态中的"新细胞"，与人类共同参与创造与治理。

- 区块链互操作性：不同城邦、平台和生态之间的身份与资产将实现自由流动，打破壁垒。

- 元宇宙与混合现实：数字生命体将突破二维互联网，延伸到沉浸式世界，个体、公司与城邦的互动更具象化。

技术的升级会让生命体的边界不断扩展，甚至超越国家和地理的限制。

2. 社会结构的演化

数字生命体不仅是经济实体，也会重塑社会：

- 个体地位提升：主权、影响与归属的三重目标实现后，个体将成为文明的核心单元；

- 企业形态转变：公司从"雇佣机器"进化为"创新网络"，更多依靠分布式协作；

- 治理模式更新：城邦通过引入个体治理，逐渐形成多层次、去中心化的治理体系。

这种演化将推动社会从"组织中心"走向"个体中心"，是一种根本性的文明转型。

3. 文明意义：从社会到生命体

当个体、公司与城邦形成协同进化的闭环，人类社会就不再只是一个"系统"，而是一个新的生命层次。

- 文明自觉：人类第一次有机会把社会看作生命体，而不仅是制度和经济集合；

- 历史比较：农业文明依赖土地，工业文明依赖机器，数字文明则依赖生命化的生态；

- 未来愿景：超级生态或将成为"超级文明"的雏形，孕育出跨越地球边界的数字社会。

这种文明意义在于：人类不再是自然生命的唯一创造者，而是数字生命体的共同建造者。

◆ 迈向自主共生的未来

超级生态的终点，不是单纯的市场繁荣或制度实验，而是 构建一个能够自主进化、持续繁荣的数字生命体。

- 个体是细胞，带来活力；

- 公司是器官，提供功能；

- 城邦是神经系统，维持协调；

三者共生，才是文明演化的新路径。

未来的社会，将不再由单一国家或公司主导，而是由 无数自主共生的数字生命体共同编织而成。它们可能跨越地理边界，超越传统秩序，成为人类进入新文明阶段的关键载体。

结语：共生互联的新纪元

在这个全球化与技术深度交织的新时代，站在历史的十字路口，我们每个人都成为新的探路者。在AI和数字技术的推动下，我们见证了超级个体、超级公司与超级城邦三大结构突破传统边界，逐渐融合为一个协同共生的超级生态系统。这些力量宛如群星般交织于宏大的数字网络：它们既是生态中的节点，又彼此充当对方的"操作系统"，共同推动全球数字价值的再组织与再创造。以往各自独立的个体、企业与国家，在数字平台、算法规则和信任机制的作用下，正构建出一个跨越地理与组织边界的互联共生新秩序。在这种新结构下，生产与治理、创新与监管之间的边界正在消融。

边界重塑：平台、规则与信任

- 平台互联：数字平台打破地域和行业壁垒，聚合全球资源和用户，为超级个体与企业提供跨时空的协作场景。例如，各类开放社区和数字市场，使个体和小团队能够获得企业级资源与全球客户。

- **规则革新：** 算法与协议重塑治理体系，从法律法规到智能合约形成新型规则，让多方在统一规则下协同发展。例如，区块链共识协议使去中心化治理成为可能，过程公开透明，可防篡改。

- **信任机制：** 区块链与加密技术构筑去中心化的信任基础，降低对中介的依赖。共识算法与智能合约使全球交互更加透明可信，落实了"加密事实"的信任架构。例如，去中心化身份认证协议让参与方无需第三方即可确认彼此身份。

AI：底层催化与连接

- **创意与组织：** AI相当于赋能超级个体的"超级大脑"，让他们能迅速将创意转化为产品或服务；同时也提升企业的创新与运营效率，两者相互促进，共同扩展创新的边界。例如，创作者可借助AI工具快速完成内容设计，企业也能利用AI进行市场分析与预测。

- **权力与生产：** AI将政府决策、公共事务与生产活动紧密结合。政府利用算法优化资源配置与管理流程，企业借助自动化实现智能制造与供应链协同，各自在AI网络中协同发力。例如，智慧城市利用AI优化交通和公共服务，实现资源的高效配置与管理。

- **创新与治理：** AI模糊了创新与治理的边界。技术进步通过智能合约和算法规则快速纳入治理体系，政策也在迭代中激励创新，科技与法规相互反馈，共创可持续发展的生态环境。例如，社区通过链上投票参与决策，体现了治理与技术融合的新模式。

未来展望：产业、人才、身份与价值

- **全球产业：** 数字技术让产业链更去中心化和扁平化。各国企业借助智能互联重塑供应链和创新链条，新兴行业和传统行业相互融合，产业生态持续重构。例如，开源社区和共享平台正在模糊传统产业边界，小型参与者也能融入全球供应网络。

- 人才流动：地理边界减弱，人才可自由跨国迁移与协作。超级个体依托在线平台参与全球项目，多元文化与技能的交融催生更多创新机遇。例如，通过远程工作平台，开发者和设计师可以为全球团队贡献才华，构建国际化的职业履历。

- 数字身份：个体和组织拥有跨平台的数字身份和主权数据，自主掌控信息与权益。身份标签不再局限于国籍或地区，成为参与全球生态和治理的基础。例如，去中心化身份系统让用户在不同平台间验证身份，同时保护隐私与数据所有权

- 价值分配：代币经济和智能合约重塑价值流动与分配机制，使奖励更公平透明。经济红利由贡献者共享，财富不再集中于少数巨头，创造了更包容的增长模式。例如，创作者可以通过代币和NFT等方式直接从用户社区获得回报。

共创未来：拥抱开放与创新

我们正站在一个历史性的节点上：超级个体、超级公司与超级城邦将共同书写未来社会的新篇章。每一个参与者——无论是大胆探索前沿的创新者，还是建设生态系统的企业与平台——都拥有赋能这个时代的可能性。创新的驱动力与治理的智慧前所未有地融合，让任何人都可能成为时代的弄潮儿。共同的目标和愿景将引领我们不断前行。

未来的大门已经开启，协同共生的时代正向我们招手。让我们以开放的心态和创新的勇气，迎接这个充满无限可能的新天域。未来已来，你准备好了吗？